Pedro Páramo,
la cosmogonía de los muertos.

Norberto Rosalez

Pedro Páramo,
la cosmogonía de los muertos
(Ensayo)

|Ideales Literarios|

PEDRO PÁRAMO: LA COSMOGONÍA DE LOS MUERTOS

www.idealesliterarios.com

Primera edición de esta presentación: junio de 2025

Copyright © 20234 Norberto Rosalez

Autor: Norberto Rosalez
Corrección: Carolina Dávila Egüez
Diseño de tapa: Norberto Rosalez. Ideales Literarios, ON, Canadá.
Foto de portada por Akin Akdag en Pexels

Ideales Literarios apoya la protección del *copyright*. El *copyright* estimula la creatividad, defiende la diversidad en el ámbito de las ideas y el conocimiento, promueve la libre expresión y favorece una cultura viva. Gracias por comprar una edición autorizada de este libro y por respetar las leyes del *copyright* al no reproducir, escanear ni distribuir ninguna parte de esta obra por ningún medio sin permiso.

Todos los derechos reservados.

Obra en formato Paperback

ISBN: 978-1-7781478-4-5

Obra en formato EBOOK

ISBN: 978-1-7781478-5-2

|Ideales Literarios|

A mi esposa Carolina con todo mi amor

—¿Y tu alma? ¿Dónde crees que haya ido?
—Debe andar vagando por la tierra como tantas otras buscando vivos que recen por ella.

JUAN RULFO. *Pedro Páramo.*

Índice

Prólogo..2

Los murmullos de la crítica.................................9

Un fundamento teórico relevante......................25

La forma del universo divino............................31

Las formas del universo humano
    Comala como paraíso terrenal.......................38
    Comala como infierno terrenal......................44
    Comala como purgatorio................................67

La atmósfera y los personajes originales.................75

Conclusión..94

Bibliografía..107

Prólogo

Dios ya era eterno en el caos cuando decidió crear el universo. Luego creó los cielos y la tierra al margen de las tinieblas que se extendían hasta el abismo. Dividió las aguas de la tierra, creó los dos luceros para distinguir la noche del día y llenó toda su creación de vida. Entonces, tras crear todas las especies, creó al hombre a su imagen y semejanza para que dominara su creación. En la década de mil novecientos cincuenta, la inmortal creatividad de un hombre quiso que su creación literaria tuviera las características de una cosmogonía de los muertos. Anteriormente, había escrito algunos cuentos y novelas que después destruía hasta que escribió *Pedro Páramo*, una obra que ingresó sin cuestionamientos al salón de las letras universales, y su autor al panteón de los escritores inmortales. Es que un día, Juan Rulfo decidió, con la inocencia lúdica de un niño, imitar a Dios con su concisa novela, impostando un lenguaje escueto, lacónico y despojado de todo prejuicio, inconsciente, sin vacilaciones, como si se tratase de una divinidad que conoce su oficio, aunque sea primerizo en su práctica.

En *Pedro Páramo*, que consta de unas noventa y cinco páginas, Juan Rulfo recrea un universo enigmático y apasionante. La historia comienza con la narración de la vida de Juan Preciado, quien, en el lecho de muerte de su madre, le promete encontrar a su padre. A lo largo de la narración, vamos descubriendo cómo ese universo se va construyendo con los breves relatos de sus singulares protagonistas, que cuentan sus vidas y sus recuerdos del pueblo. No obstante, este universo no es estático, sino que se consolida en su dinámica unidad estructural y de sentido, donde cada palabra construye y, al mismo tiempo, modifica, generando nuevas interpretaciones e interrelaciones que subyacen en el relato y lo hacen cada vez más complejo e interesante. La división estructural de esta novela tiene una importancia incansablemente destacada por su autor, que concibió la novela con los mismos planos estructurales del universo que todos conocemos, en donde la deidad del bien tiene sus dominios y sus predominios, y una deidad del mal tiene los suyos. En medio de este universo, Juan Rulfo crea a sus personajes, hombres y mujeres, y los abandona en la hostilidad de su cosmos recién creado en Jalisco. Comala, el pueblo de los personajes, vive el ciclo de la vida y muere junto con todos sus habitantes, que regresan al pueblo una vez muertos, según la creencia popular que asegura que todos los difuntos vuelven a su lugar de origen. La novela de Rulfo se sitúa principalmente en este momento, por lo que todos sus personajes están muertos y son quienes narran la historia.

Las características de *Pedro Páramo* como novela singular y universal expresan la paradójica condición humana de los muertos y la mortandad de los vivos. En *Memórias Póstumas de Brás Cubas*, el protagonista narra su vida desde la muerte y retrata la condición humana que un difunto puede tener en la realidad ficcional de una obra literaria; en *Pedro Páramo*, los muertos narran la vida del pueblo, sus vidas en él y la vida en la muerte, es decir, narran la mortandad en sus dos sentidos: como mortales en vida y como muertos en la otra vida. La vida de los mortales está retratada en las vivencias de un pueblo y de su gente, que vive al margen de la moralidad y de la fe, en la convulsionada realidad de la matanza entre humanos producto de sus encarnizadas luchas revolucionarias y de sus contiendas personales, una vida llena de muerte que lleva a la humanidad al sufrimiento, a la extinción y a la sinrazón. La vida en la muerte es también la vida que su humanidad ya extinta experimenta en el mundo de los muertos. La vida en la muerte, que para Rulfo es más humana, acontece en la *Tierra de los Muertos*, ese lugar al que descendieron tantos personajes populares de tantas culturas. En la civilización sumeria es el lugar que Inanna pretendió conquistar sin éxito y que, en Acad, es el *País sin retorno* del *Descenso de Ishtar a los infiernos*; es la *Duat*, el *Mundo Inferior* de la mitología egipcia, donde reina Osiris y donde todos los muertos son juzgados; es el lugar que visitó Odiseo para consultar a sus muertos, ese lugar abandonado de la luz de Helios y carente de goces que describe Tiresias. A lo largo de la historia, en las mitologías de todas las culturas ha existido —y aún existe— el mundo de los muertos como imaginario colectivo cultural y religioso, como un lugar tan real en nuestra psique como el que ocupan en ella nuestro mundo material y cotidiano.

En innumerables culturas, la muerte ha sido concebida como un tránsito hacia la otra vida, y los rituales funerarios han reflejado las creencias sobre el viaje del alma al más allá. Desde los enterramientos más rudimentarios hasta los más ceremoniales, todos han estado relacionados con la necesidad de facilitar el tránsito del difunto hacia el mundo de los muertos. Mientras algunas culturas simplemente arrojaban a sus muertos a ríos o lagos con piedras atadas a sus cuerpos, otras, como la egipcia, consideraban imprescindible preparar al difunto para un viaje espiritual hacia la eternidad. El *Libro egipcio de los muertos* es un compendio de conjuros que guiaban a las almas en su travesía hacia el más allá, permitiéndoles cruzar los portales del mundo de los muertos hasta alcanzar la luz del día y la inmortalidad. El Conjuro CLXXV describe este tránsito a través del «Cielo inferior» e incluye palabras para evitar la «segunda muerte». En muchas culturas, la vida después de la muerte es una continuidad de la vida terrenal en otra dimensión, que conduce, purificación mediante, a la inmortalidad del alma en la vida eterna.

En contraste, en nuestra cultura, evangelizada por la Iglesia Católica, la creencia de la salvación del alma se fundamenta en una vida terrenal en comunión con Dios. Las creencias y los mandatos de la religión católica que señalan el camino cristiano están expresados en los Evangelios y en la tradición sacerdotal. No obstante, a lo largo de los siglos las creencias religiosas se han confundido –y fundido– inevitablemente con innumerables creencias y mitos autóctonos que con fuerza se han influenciado entre sí creando una multiplicidad de creencias y de matices religiosos como ha sucedido en el continente americano. La literatura de Rulfo –que se fundamenta dentro de este universo– rescata esa mezcla religiosa y cultural, (que es lo que en definitiva somos) y la utiliza con maestría literaria en su fantástica obra. Comala, en ocasiones, es el mundo de los vivos que para algunos personajes es el paraíso terrenal; en otras, para muchos personajes es el infierno mismo que literariamente es la Tierra de los Muertos o el Cielo inferior donde desarrollan sus vidas los vivos; es el lugar de oscuridad donde penan las ánimas de los difuntos como Miguel Páramo; es el lugar donde vuelven las almas que murieron en pecado como reza la mitología popular mexicana y es el purgatorio de *La Divina Comedia*; es la creencia popular y mitológica que está en la literatura de Dante, en *La odisea* de Homero y en la mitología sumeria.

A fuerza de sucesivas relecturas y de un necesario conocimiento mitológico (pagano y clásico que se entremezclan y que conviven en la obra) y de un conocimiento religioso que ordenan la ambientación ficcional de la novela, las acciones morales de sus personajes y los distintos mensajes que el escritor pretende transmitir más allá de su finalidad estética y poética, podemos descifrar los códigos que nos conduzcan a una cabal interpretación de la literatura de Rulfo, que nos conduzcan a un conocimiento y reconocimiento de nosotros mismos como humanidad latinoamericana, como sociedad histórica y actual que, identificada en la novela de Rulfo, reflexiona sobre sus problemáticas sociales, pero más que nada que invita a reflexionar sobre su condición humana. En la obra de Rulfo, los personajes de *Pedro Páramo* representan la humanidad y nosotros como humanidad nos miramos en ellos. Los personajes son como hemos sido por milenios en una confusa y genial creación literaria que entremezcla, sin precisar límites bien establecidos, la vida y la muerte; entremezcla, porque es relevante hacerlo, unas y otras culturas; entremezcla religiones, creencias y mitologías; sin límites temporales definidos, sin distinción de razas ni sexos. Porque en definitiva toda la humanidad a través de todos los tiempos ha sido la misma humanidad conformada por esa diversidad. En Rulfo, todo es humanidad y su condición más llanamente humana. Los personajes difuntos son tan humanos como lo somos nosotros sus lectores. El universo en el que se retratan sus vidas es tan real como lo es el nuestro. La salvación de las almas en la vida eterna es una esperanza compartida ente ellos y nosotros que sigue siendo un enigma. La única inmortalidad conseguida es la del escritor y la de sus personajes y fue forjada con muerte. Esta cosmogonía de los muertos nos recuerda quiénes somos, cuáles son nuestros orígenes y cuál es nuestro lugar en el mundo.

Los murmullos de la crítica

Una de las principales problemáticas que se plantean al leer una novela como *Pedro Páramo* radica en la complejidad estructural e interpretativa de la obra. Una gran cantidad de críticos se ha ocupado de la obra en alguna oportunidad y la han abordado desde muy diferentes enfoques, incluso algunos de ellos opuestos. Felipe Garrido, como muchos otros, aborda a Rulfo por su biografía y formación, y a continuación lo relaciona con una gran cantidad de escritores nórdicos como Hamsun, Björnson, Jacobsen, Lagerlöf y Laxness; después, con Joyce y Ramuz; con Muñoz, Azuela, Guzmán, Yánez y López y Fuentes; y finalmente, con autores rusos como Andreiev y Korolenko, aunque la literatura de Rulfo se relacione solo en algunos aspectos con la gran mayoría de esta larga lista de talentos.

También se ha debatido mucho sobre la relación entre la obra de Rulfo y el contexto sociohistórico y cultural mexicano. Obviamente, la literatura de Rulfo debe encuadrarse en un contexto sociopolítico, histórico y cultural determinado. En este contexto destacan principalmente la Revolución Mexicana, la Rebelión Cristera y la Reforma Agraria como hechos relevantes que sirven de telón de fondo para la obra. Sin embargo, algunos críticos opinan que Rulfo nunca se ha propuesto hacer literatura histórica, es decir, reconstruir una época concreta del pasado de México, «y menos aún engrosar las nutridas filas del regionalismo».[1]

Por su parte, Ruffinelli opina:

> Si bien la obra literaria posee autonomía, no pueden olvidarse sus vínculos con la realidad. La autonomía de la imaginación de que habla Bachelard (y que él hace preexistir a la reflexión) no surge de un vacío ni se independiza totalmente de aquello que le dio génesis. Sería absurdo considerar los libros de Rulfo como entidades apartadas de su contexto nacional de las preocupaciones que incitaron a su escritura, del momento al que ésta quedó históricamente adherida.[2]

Si tomamos una de las apreciaciones transcritas anteriormente —una de las más pasadas por alto de Ruffinelli entre otras— y cambiamos su entonación,

---

[1] Felipe Garrido, "Pedro Páramo y El llano en llamas," en *Para Cuando yo me Ausente* (México: Grijalbo, 1982), 18.
[2] Jorge Ruffinelli, "Juan Rulfo," en *Para Cuando yo me Ausente* (México: Grijalbo, 1982), 36.

nos preguntamos: ¿cuáles fueron las inquietudes que llevaron a Rulfo a escribir su obra? La respuesta deberá ser más profunda y precisa si queremos llegar al sentir más íntimo y subjetivo de ese «hombre delgado y cauteloso, austero, con pasión por lo esencial, cuidadoso en lo que dice, de mirada nerviosa y penetrante, discreto hasta la timidez». En la actualidad se conocen muchos otros estudios sociales acerca de la obra de Rulfo. Algunos de los mejores trabajos parten de presupuestos antropológicos, históricos e ideológicos. Jorge Ruffinelli es uno de los que sitúan a Rulfo dentro de un contexto biográfico y sociohistórico, como otros tantos estudios. No obstante, aunque nunca se podrán conocer los motivos íntimos que llevaron a Rulfo a «hablar» y luego a «callar», es factible que la respuesta no se limite al contexto nacional, biográfico y sociohistórico, sino que seguramente tendremos que ir más allá, donde las razones del silencio se vuelven íntimas y, con Rulfo ya ausente, debemos limitarnos a deducir a través de su obra cuáles fueron esos motivos que lo llevaron a escribirla.

En cuanto a la vida de Rulfo, se considera que las revoluciones y sus nefastas consecuencias fueron el origen de su infortunio infantil y del profundo sufrimiento que marcó su juventud. Al parecer, ese largo vía crucis que fue su vida temprana lo llevó a buscar una respuesta que finalmente nunca encontró:

Una familia que se desintegró muy fácilmente en un lugar que fue totalmente destruido. Desde mi padre y mi madre, inclusive todos los hermanos de mi padre fueron asesinados. Entonces viví en una zona de devastación. No sólo de devastación humana, sino devastación geográfica. Nunca encontré ni he encontrado, hasta la fecha, la lógica de todo eso.[3]

Por lo tanto, podríamos ver la novela de Rulfo como una pregunta inquisidora, como un *¿por qué suceden estas cosas?*, como una búsqueda de la explicación de tanta irracionalidad humana. Entonces, *Pedro Páramo* sería una obra que busca dar respuesta a esa pregunta, pero que, en su búsqueda, otorga suma relevancia a las consecuencias nefastas de esa irracionalidad, como la devastación humana y el sufrimiento. Es de imaginar que un escritor como Rulfo no se limitaría únicamente a describir esa realidad que él mismo padeció en carne propia y que ahora forma parte de su realidad ficcional, sino que iría más allá, ahondando en los motivos religiosos y morales de la humanidad. Y esto se refleja en su novela. Sin embargo, Rulfo siempre se ha opuesto a las interpretaciones biográficas de su obra, ya que, como él mismo afirma: «los personajes conocidos no me dan la realidad que necesito, y que sí me dan los personajes

---

[3] Garrido, "Pedro Páramo y El llano en llamas," 18.

imaginarios».[4] Esta declaración nos lleva a corregir un error muy frecuente de la crítica acerca de sus personajes y del carácter biográfico de la obra. Admitir esto es fundamental, porque la porfía nos llevaría únicamente al error y no a la aproximación de una interpretación de la obra ni, en el mejor de los casos, nos permitiría apreciarla más cabalmente.

Una de las primeras críticas en señalar el carácter histórico de la obra de Rulfo fue la estadounidense Jean Franco al describir como punto de partida las correlaciones míticas en la obra —figuras míticas propias de su nación— que luego el autor emplea para describir «la transición de una sociedad feudal a una sociedad capitalista, y que ese contexto es imprescindible para interpretar la novela».[5] Asimismo, Carlos Monsiváis también hace una lectura de *Pedro Páramo* basada en el contexto histórico, pero, a diferencia de Jean Franco, desmitifica el significado de la obra y sitúa a su autor histórica e ideológicamente dentro de la literatura del México agrario:

> La incomprensión segrega definiciones que son ajustes y dispositivos ideológicos. De entrada se nos informa, esto que fue alguna vez "la esencia de México", el universo rural, ha

---

[4] Joseph Sommers, "Los muertos no tienen tiempo ni espacio (un diálogo con Juan Rulfo)," *¡Siempre! La cultura en México*, no. 1,051 (15 de agosto de 1973): VI–VII, Ciudad de México.

[5] Gerald Martin, "Vista panorámica: La obra de Juan Rulfo en el tiempo y en el espacio," en *Juan Rulfo, toda la obra*, coord. Claude Fell, Colección Archivos (Madrid: ALLCA XX / UNESCO, 1990), 640.

quedado regido por la desesperanza, la tragedia, el fatalismo, el mutismo de siglos. Según algunos, la obra de Rulfo solidifica estos prejuicios. Creo que, por el contrario, los niega y advierte causas y conductas concretas donde otros han depositado los términos prestigiosos de la indefensión. Sin decirlo, sin subrayarlo jamás, Rulfo propone temas, atmósferas y personajes que, además de su vida literaria específica, explican la inutilidad de las condenaciones previas. Lo que llamamos pesimismo puede ser mera relación de los hechos constitutivos, quizá el fatalismo sea memoria histórica y donde sólo vemos acumulación de símbolos, seguramente ocurren situaciones de todos los días.[6]

En su ensayo *Una primera lectura de «No oyes ladrar a los perros»*, Ángel Rama propone una lectura antropológica que critica la orientación arquetípica de Carlos Fuentes. Rama expresa que, a diferencia de los animales, los hombres (sobre todo los escritores) han tenido el privilegio de dejar huellas indelebles: las palabras, descaecidas de su «primigenia sacralidad», profanadas desde el momento en que se empezaron a manipular. De los modernistas salvajes de la literatura moderna que han venido a llevar adelante la tarea de recuperar esa sacralidad primigenia, Rama solo reivindica a Juan Rulfo, de quien expresa lo siguiente en relación con su literatura:

Deberíamos retomar a la consideración a Juan Rulfo

---

[6] Carlos Monsiváis, "Sí, tampoco los muertos retoñan, desgraciadamente," en *Para cuando yo me ausente* (México: Grijalbo, 1982).

como un escritor de América. Más exactamente, como un escritor de México, como el descendiente de un cataclismo cultural de proporciones casi cosmogónicas. No obstante, el propio Fuentes sólo evoca mitos griegos dentro de esa forzada tributación americana: si los mitos son estructuras universales de significación, valdría lo mismo sustituir los mitos prestigiosamente helénicos con los pretéritos mitos autóctonos americanos...[7]

Finalmente, Augusto Roa Bastos, en *Los trasterrados de Comala* compara, al igual que Antonio Candido, a Rulfo con Guimaraes Rosa. En su estudio, Roa Bastos explica que los trabajos de interpretación sobre la obra de Rulfo, en su gran mayoría, están «contaminados por el pensamiento etnocéntrico de las culturas centrales, estas tentativas de encontrar la clave mítica de Comala y sus moradores han coincidido con razón o sin ella en recortarla sobre el modelo de Edipo, Juan Preciado asimilado al tristísimo trasterrado de Tebas».[8] En definitiva, Roa Bastos hace el mismo reclamo que Rama al preguntarse por qué los mitos célebres están siempre presentes de manera casi exclusiva. De este modo, plantea la posibilidad de que, en lugar de los mitos clásicos, se vean otros de origen de la mitología autóctona precolombina, como el

---

[7] Ángel Rama, "Una primera lectura de No oyes ladrar a los perros," en *Primeros cuentos de diez maestros latinoamericanos*, selección y lectura crítica de Ángel Rama (Barcelona: Planeta, 1975), 218.
[8] Augusto Roa Bastos, "Los trasterrados de Comala," *Cuadernos Americanos* (1981): 126.

inframundo de la cosmogonía náhuatl presente en los códices.

Para terminar, dos exponentes más cierran una reducida selección de críticos que interpretan la obra de Rulfo desde una perspectiva antropológica: Martin Lienhard y Anthony Stanton. Lienhard, en *El substrato arcaico de Pedro Páramo: Quetzalcóatl y Tláloc*, trabaja la misma línea histórica-antropológica que Roa Bastos y Rama, pero profundiza mucho más en el tema, precisando cuáles podrían ser los elementos indígenas presentes en los textos de Rulfo. En su estudio, rastrea la presencia de substratos arcaicos de origen indígena, como, por ejemplo, «el viaje de Quetzalcóatl, la analogía entre Comala y Mictlan, la analogía entre el pasado de Comala y Tlalocan, la identidad entre Pedro Páramo y Tláloc, y la irrupción de un tiempo mítico». [9] Finalmente, cinco años más tarde, Stanton presenta una teoría global basada en una interpretación antropológica de *Pedro Páramo* como una novela en la que Rulfo trabaja arquetipos culturales y sociales. Gerald Martin explica de manera resumida en qué consiste el trabajo de Stanton:

> Apoyándose en el ya clásico trabajo de Levi-Strauss, *«Las estructuras elementales del parentesco»*, demuestra Stanton que el incesto y el parricidio son temas que

---

[9] Martin Lienhard, "El sustrato arcaico en Pedro Páramo: Quetzalcóatl y Tláloc," en *Literatura y cultura azteca: El pasado indígena en la literatura mexicana contemporánea* (Múnich: Wilhelm Fink, 1983), 473.

atraviesan la obra de Rulfo, y estudia cómo funciona en la novela el mecanismo de la sustitución de roles sociales, primera manifestación del tema central de la trasgresión de límites, enfatizando especialmente la acción mediadora de la mujer. A dicho efecto demuestra cómo predominan las figuras retóricas de semejanza y sustitución: la metáfora, el símil, el símbolo y la analogía, y también el eufemismo, la alusión y la blasfemia, engendrados por la existencia en la psique de prohibiciones de origen religioso.[10]

Una de las principales problemáticas que se nos presenta ante la lectura de una novela como *Pedro Páramo* radica en la dificultad que el lector tiene para comprender su complejo significado (como aseguró su propio autor: «Creo que no es una novela de lectura fácil. Sobre todo intenté sugerir ciertos aspectos, no darlos.»)[11] A esta dificultad se suma la gran variedad de interpretaciones que ha tenido la obra de Rulfo desde la publicación de la novela hasta la actualidad. Por este motivo, hemos resumido algunos de los planteamientos más destacados acerca de su interpretación.

Considerando la gran variedad de posturas críticas e interpretativas de *Pedro Páramo*, no las descartamos para desarrollar una nueva propuesta, sino que demostramos que una nueva propuesta interpretativa no debe necesariamente ser excluyente. En cuanto a la

---

[10] Martin, "Vista panorámica," 638.
[11] Sommers, "Los muertos," VI-VII.

significación mitológica (y aquí debemos incluir también los elementos populares y religiosos), constituye, según nuestro entender, la estructura de sentido más amplia y significativa de la obra. Sin embargo, no deberíamos conformarnos solamente con encontrar correspondencias mitológicas y religiosas en la obra de Rulfo, porque en definitiva esa no es la finalidad del escritor. Por ejemplo, mucho se sabe que «Fuentes siguió hasta descubrir vínculos con la mitología griega, encontrando correspondencias entre la búsqueda de Juan Preciado y la Odisea, entre Dolores Preciado y Yocasta y Eurídice, madre y amante, sugiriendo que Juan Preciado encarna elementos tanto de los mitos de Edipo como de Orfeo».[12] Pero ¿de qué sirve encontrar tales correspondencias si luego no se les puede dar un sentido y una función en la realidad ficcional de la obra? ¿De qué sirve quedarse en ese juego de correlaciones que no conducen a nada y no aportan nada nuevo?

No obstante, de esas imágenes míticas surge una estructura simbólica que el lector debe interpretar en términos de significación cultural (política, social y religiosa), como se abordará más adelante. El *universo rulfiano*, ampliamente estudiado, se configura en este

---

[12] Joseph Sommers, "A través de la ventana de la sepultura: Juan Rulfo," en *Para cuando yo me ausente*, compilado por Juan Rulfo (México: Grijalbo, 1982), 168.

punto como un sistema de elementos simbólicos que dotan a la narración de una significación cultural coherente y bien definida, al tiempo que genera un ambiente universalmente reconocible para lectores de todo el mundo. Aunque se han escrito numerosos estudios al respecto, pocas obras críticas han analizado en detalle la constitución estructural y la organización semántica de la novela.

A continuación, se presentarán los elementos constitutivos del universo rulfiano que la crítica, en ocasiones, ha señalado por su ausencia, carencia de orden o falta de unidad estructural.

En el ensayo titulado *Pedro Páramo y El llano en llamas*, escrito por Felipe Garrido y recopilado por el propio Rulfo en el libro *Para cuando yo me ausente*, Garrido señala lo siguiente:

> Cuando uno termina de leer Pedro Páramo se encuentra en posibilidad de integrar todos los fragmentos que componen la novela en una unidad superior, un universo creado por Rulfo cuyo orden no es cronológico, temporal, sino espiritual. Entonces uno advierte que el organismo vivo y denso de la novela —como el de muchos de sus cuentos— está al margen del tiempo: la anulación del acontecer temporal es una de las finalidades narrativas de Rulfo.[13]

Según Garrido, *Pedro Páramo* es una novela que, a pesar de su carácter fragmentario, se contiene en una

---

[13] Garrido, *Pedro Páramo y El llano en llamas*, 29.

«unidad superior», dentro de «un universo creado por Rulfo». No obstante, a lo largo de su ensayo no describe con precisión las características constitutivas de ese universo atemporal. Además, sostiene que el orden de la novela «no es cronológico, temporal, sino espiritual» y que la «anulación del tiempo» es una de las finalidades narrativas del autor, aunque no aporta argumentos suficientes para sustentar esta interpretación. Surge así una pregunta fundamental: ¿en qué consiste ese orden universal al que se alude?

Joseph Sommers, uno de los críticos que más ha estudiado los aspectos mencionados, realiza una observación sintética al respecto:

> ¿Cómo destilar esta amarga visión poética en una forma novelesca? La elección de los ingredientes por parte del autor es una paradójica combinación de lenguaje popular altamente estilizado, por una parte, y, por la otra, una estructura atrevidamente compleja que en forma deliberada confunde al lector dentro de su laberíntica oscuridad.[14]

En aras de ser fiel a la opinión del crítico, se transcribe íntegramente la totalidad del párrafo del análisis de Sommers:

> La naturaleza en la peripecia en Pedro Páramo es difícil de describir porque Rulfo fragmenta su narración en pequeñas divisiones (no hay capítulos) que se encuentren con

---

[14] Sommers, "A través de la ventana de la sepultura," 151.

más frecuencia, sin relacionarse entre sí, en tiempo y lugar, y que están poblados por diversos personajes que rara vez son presentados y que son casi siempre difíciles de identificar. El lector tiene que esforzarse para establecer las conexiones, aparte de que se le obliga a construir los hechos y las identidades para extraer un significado del aparente desarreglo.[15]

En primer lugar, Sommers reconoce en *Pedro Páramo* una unidad estructural que califica de «atrevida» y «compleja», y que confunde deliberadamente al lector con su «laberíntica oscuridad». En segundo lugar, tanto Garrido como Sommers coinciden en destacar el carácter fragmentario de la novela: el primero afirma que todos esos fragmentos componen una unidad superior, mientras que el segundo describe el universo rulfiano como fragmentario, pero lo califica de inconexo. Sin embargo, Sommers admite posteriormente que el lector debe esforzarse para establecer esas conexiones y que, además, tiene que reponer y reconstruir —desde esa fragmentación— hechos e identidades, y así poder extraer un significado de todo ese «aparente desarreglo».

No obstante, si analizamos la totalidad de la obra desde un enfoque estilístico, queda claro que Rulfo no fragmenta su novela con el propósito de dificultar su lectura, sino que emplea este recurso para reforzar el

---

[15] Sommers, "A través de la ventana de la sepultura," 152.

efecto de la realidad ficcional. El murmurar entremezclado de las almas en pena que habitan Comala representa los diversos estadios por los que transitan las almas en la vida y la muerte. Por lo tanto, la aparente anulación del tiempo como recurso estilístico tampoco existe. En esa fragmentación del discurso en murmullos coexisten los diferentes tiempos de esos estadios; esa infinidad de susurros, cada uno en su momento temporal, convergen y conforman el discurso de la novela. La anulación temporal es entonces una sensación perceptiva que el lector experimenta ante la fragmentación como recurso estilístico.

Por lo tanto, no creemos que la obra de Rulfo sea atemporal. Más bien, presenta un tiempo que se conecta profundamente con la significación mítica de la obra, en la que predominan las estructuras simbólicas de creencias católicas, mitológicas y paganas. Este tiempo, que remite al *ab origine*, evoca el tiempo de la Creación, el Edén y las Tinieblas; es el tiempo de un pueblo extinto que ha pasado al tiempo cosmogónico de la Creación descrito en textos antiguos como *La Teogonía* de Hesíodo, el *Génesis* del Antiguo Testamento o el *Popol-Vuh* de la literatura maya quiché. En última instancia, el «aparente desarreglo» del que habla Sommers debería entenderse como la representación del caos, que puede ser tanto *ab origine* como terrenal e infernal.

A lo largo de los años, la obra de Rulfo ha sido objeto de innumerables críticas, tanto favorables como desfavorables. Entre las primeras reseñas negativas destaca la de Archibaldo Burns, titulada *«Pedro Páramo o la unción y la gallina»*, publicada en *México y la Cultura* el 15 de mayo de 1955:

> Pedro Páramo es un conjunto de fragmentos alucinados. Para haber sido una obra maestra han fallado el planteamiento y el desenvolvimiento propios de la trama, pero están en juego todo el tiempo la Unción y la Gallina, realidad y fantasía, en esta narración apasionante y más viva que el agua.[16]

Esta crítica coincide con otra realizada por Alí Chumacero en 1954, quien, en *La Revista de la Universidad*, comentó que a la obra «le faltaba un núcleo al que concurrieran todas las escenas».[17] Ante esta opinión, Rulfo respondió:

> Pensé que era algo injusto, pues lo primero que trabajé fue la estructura, y le dije a mi querido amigo Alí: «Eres el jefe de producción del Fondo y escribes que el libro no es bueno». Alí me contestó: «No te preocupes, de todos modos no se venderá.[18]

---

[16] Archibaldo Burns, "Pedro Páramo o la Unción y la Gallina," *México en la cultura*, no. 321 (fecha si la tienes): 3.
[17] Alí Chumacero, "El Pedro Páramo de Juan Rulfo," *Revista de la Universidad de México* 9, no. 8 (año si lo tienes): 2–5.
[18] Juan Rulfo, "Pedro Páramo, treinta años después", *Cuadernos hispanoamericanos* no. 421–423 (1985): 6–7.

Por ello, este análisis crítico busca esclarecer modestamente lo que Juan Rulfo alegaba: su meticuloso trabajo estructural y estilístico.

Un fundamento teórico relevante

En *Vista panorámica: La obra de Juan Rulfo en el tiempo y en el espacio*, Gerald Martin explica que en la cuarta sección de su estudio (lecturas globales, formalistas, temáticas y sociales) coincide, hasta cierto punto, con la clasificación sugerida por Joseph Sommers en *La narrativa de Juan Rulfo: interpretaciones críticas*. Al respecto, Gerald Martin expresa:

> A grosso modo ha habido tres tendencias críticas en torno a *Pedro Páramo*. Estas tendencias también sugeridas por Hugo Ramírez-Alcalá en su posterior artículo "Rulfo y la crítica" (1984) serían la formalista, la mítica y la social. Las tres categorías representan manteniendo su plena vigencia como vía de acercamiento a la crítica sobre Rulfo como veremos.[19]

Felipe Garrido también describe las tres lecturas que pueden hacerse de la obra considerando la

---

[19] Martin, "Vista panorámica," 574.

conceptualización tradicional de la crítica. Una primera lectura consiste en buscar las relaciones internas entre los medios expresivos de los que se vale el autor y describir en qué elementos significativos reside su peculiar manera de narrar. Una segunda lectura propone el estudio de temas arquetípicos, es decir, «esa clase de conflictos o de patrones de conducta que se encuentran en el meollo de los mitos más antiguos y universales: la búsqueda del padre, la expulsión del paraíso, la culpa original, la primera pareja, la vida y la muerte. Esta clase de interpretación suele relegar a un segundo plano la problemática moderna, el contexto sociocultural y la relación entre literatura y el proceso histórico».[20] Una tercera lectura busca principalmente la relación entre literatura y sociedad. Su sustrato teórico se basa en la idea de que cada novela encierra un sistema de valores filosóficos que implica una interpretación del proceso histórico y de las relaciones sociales.

Northrop Frye plantea que los principios estructurales de la literatura han de derivar de la crítica arquetípica (modelo original o primario, en este caso, de un mito) y anagógica (de la interpretación mística de las Sagradas Escrituras), porque son los géneros que abarcan el contexto más amplio de la literatura en su conjunto. En su estudio emplea el simbolismo de la Biblia y, en menor medida, el de la mitología clásica

---

[20] Sommers, *La narrativa de Juan Rulfo*, 23.

como gramática de los arquetipos literarios. De esta manera, Frye inicia su estudio de los arquetipos con el mundo del mito, un mundo abstracto o puramente literario de diseño ficticio y temático:

> En términos de narrativa, el mito es la imitación de acciones que ocurren a proximidad o al límite concebible del deseo. [...] El hecho que el mito opere a nivel cumbre del deseo humano no quiere decir que necesariamente presente a su mundo como alcanzado o alcanzable por los seres humanos. En términos de significado o *dianoia*, el mito es el mundo considerado como un área o campo de actividad, teniendo en cuenta nuestro principio de que el significado o patrón de la poesía es una estructura de imágenes con implicaciones conceptuales. El mundo de las imágenes míticas se representa habitualmente por la concepción del Cielo o el Paraíso en la religión, y es apocalíptico, un mundo de total metáfora, en que todo es potencialmente idéntico a todo lo demás, como si todo estuviera dentro de un solo cuerpo infinito.[21]

En su trabajo *Anatomía de la crítica*, Northrop Frye explica que la verosimilitud en una obra literaria provoca la sensación de que algo es «parecido a lo que conocemos». Cuando lo que se escribe se parece a lo que conocemos, se trata de un arte del símil extendido o implicado. De esta manera, el crítico canadiense deduce que:

---

[21] Northrop Frye, *Anatomía de la crítica*, trans. Edison Simons (Caracas: Monte Ávila Editores, 1977), 182.

Si el realismo es el arte del símil implícito, el mito es el arte de la identidad metafórica implícita. [...] En el mito vemos aislados los principios estructurales de la literatura; en el realismo vemos cómo los mismos principios (no otros) encajan dentro del contexto de la plausibilidad. [...] La presencia de una estructura mítica en la ficción realista plantea determinados problemas técnicos para hacerla plausible y los recursos usados para resolver estos problemas pueden recibir el nombre general de desplazamiento.[22]

En los modos más realistas o irónicos, la asociación se vuelve menos significativa; es decir, la estructura metafórica comienza a emerger de la comparación del relato con el mito. En algunos casos, para hacer de él un relato plausible, simétrico y moralmente aceptable, se necesita un alto grado de desplazamiento. En principio, el desplazamiento que se identifica metafóricamente en un mito solo puede vincularse en el romance por alguna forma de símil: la analogía, la asociación significativa y las imágenes accesorias. En el otro extremo, algunos relatos suelen llegar hasta nosotros como narraciones con poco nivel de desplazamiento, en las que es fácil ver el patrón mítico.

A partir de esta argumentación, Frye llega a la conclusión de que existen tres formas de organización de los mitos y los símbolos arquetípicos en la

---

[22] Frye, *Anatomía de la crítica*, 182.

literatura. En primer lugar, está el mito no desplazado, que atañe generalmente a dioses o demonios y que adopta la forma de dos mundos contrastantes de total identificación metafórica, uno deseable y el otro indeseable. Estos mundos suelen identificarse con los cielos e infiernos existenciales de las religiones contemporáneas a la literatura. A estas formas de organización metafóricas se las denomina respectivamente apocalípticas y demoníacas. En segundo lugar, está la tendencia general llamada romántica, que consiste en seguir patrones míticos implícitos en un mundo más íntimamente asociado con la experiencia humana. Por último, está la tendencia al realismo, que enfatiza en el contenido y la representación más que en la figura de la historia.

En *Pedro Páramo*, el relato se fundamenta en el realismo y sugiere lo mítico, siendo sus patrones míticos más sugerentes de lo demoníaco que de lo apocalíptico. En este desplazamiento del realismo al mito, no solo se complementan y se funden en un mismo sentido, sino que, además, en la representación de lo mítico reside la interpretación de su sentido más profundo y general. Sin embargo, esta constitución mítica referencial y semántica no significa una exclusión de otras interpretaciones, sino más bien una estructura mítica que las contiene, en la cual el sentido fluye de la asociación con la sugerencia. Por lo tanto, proponemos una lectura más integral en la cual vemos cómo los conflictos socioculturales y religiosos de la humanidad emergen de la estructura metafórica implícita en sus temas arquetípicos.

La forma del universo divino

A nivel anagógico, en el que la literatura asume el carácter de una recreación de la experiencia humana, Rulfo crea y sugiere la forma de un universo divino, es decir, un universo con características propias de una cosmogonía. En esencia, se trata del mismo universo descrito en las fases de creación del *Génesis* en el *Antiguo Testamento*. Allí, Dios crea en un principio los cielos y la tierra; luego, la luz, que separa de las tinieblas, creando el día y la noche; organiza las aguas, nombra a lo seco tierra y a las aguas mares; crea la vegetación, las lumbreras del cielo y los seres vivos; finalmente, forma al hombre y a la mujer a su imagen y semejanza, bendiciendo toda su creación.

En términos literarios, este es un universo que, como elemento simbólico, opera como una unidad comunicable o arquetípica; es decir, una imagen recurrente y clásica que atraviesa toda la tradición literaria, y que también Rulfo incorpora en *Pedro Páramo*. En este contexto, el arquetipo no solo enriquece nuestra experiencia literaria, sino que unifica nuestra comprensión simbólica del texto. Este universo, al ser un símbolo comunicable, también se presenta como un fenómeno social, religioso y culturalmente comunicativo. De hecho, algunas interpretaciones de la novela han relacionado esta cosmogonía con el choque entre las culturas española y precolombina. Ángel Rama lo expresa con agudeza en su análisis antropológico; sin embargo, rechaza la evocación de mitos griegos en la interpretación de la obra por considerarlos ajenos a nuestra cultura.

En *Pedro Páramo*, este universo cosmogónico se despliega como un vasto telón de fondo en el que se enmarcan todas las representaciones del universo humano. En todas ellas (que son las formas más descriptivas) se observan vestigios del *universo divino*. En su variedad de manifestaciones puede verse cómo las fuerzas de este universo parecen estar siempre presentes a lo largo de toda la novela, ya sea en la lluvia, que evoca el Diluvio Universal; en una noche que parece eterna; o en la posibilidad de que Dolores Preciado se comunique desde el Cielo con sus seres queridos. Este universo está siempre ejerciendo su más poderosa influencia sobre el *universo humano* y su existencia y sugiere constantemente la existencia de un orden superior y de un Ser supremo que lo gobierna.

En la relación entre el universo humano (concreto y descriptivo), las fuerzas de la naturaleza (manifestación del poder divino), el universo divino (como parte constitutiva del Cielo) y Dios, se observa un patrón: cuanto menos descriptivos y más sugeridos están estos elementos en el relato, más poderosos e inalcanzables son. Un diálogo entre Dorotea y Juan lo ejemplifica claramente:

> —Allá afuera debe estar variando el tiempo. Mi madre me decía que, en cuanto comenzaba a llover, todo se llenaba de luces y de color verde de los retoños. Me contaba cómo llegaba la marea de las nubes, cómo se echaban sobre la tierra y la descomponían cambiándole los colores…Mi madre, que vivió su infancia y sus mejores años en este pueblo y que ni siquiera pudo venir a morir aquí. Hasta para eso me mandó a mí en su lugar. Es curioso, Dorotea, cómo ni siquiera alcancé a ver el cielo. Al menos, quizá, debe ser el mismo que ella conoció.
>
> —No lo sé Juan Preciado. Hacía tantos años que no alzaba la cara, que me olvidé del cielo. Y aunque lo hubiera hecho, ¿qué habría ganado? El cielo está tan alto, y mis ojos tan sin mirada, que vivía contenta con saber dónde quedaba la tierra. Además, le perdí todo mi interés desde que el Padre Rentería me aseguró que jamás conocería la gloria. Que ni siquiera de lejos la vería…[23]

En la novela, las imágenes de Comala se asocian con diferentes espacios míticos: el Paraíso, el Purgatorio y el Infierno. El Paraíso se describe con una viveza sensorial casi onírica, con una descripción más

---

[23] Juan Rulfo, *Pedro Páramo* (Buenos Aires: Planeta, 2000), 55.

vívida de ese mundo idílico en el que intervienen imágenes sensoriales y descriptivas muy vivaces que componen un mundo accesible y sensible, que se puede ver, tocar y oler, cuya vida se puede sentir latente en los sentidos y los sentimientos de Dolores Preciado, ese paraíso perdido que rememora en su nostalgia. Por el contrario, las imágenes de Comala asociadas con el Purgatorio e Infierno son más sugeridas, como si las percepciones materiales y los sentidos se hubiesen desvanecido, asociándose a la condición de los personajes humanos. El universo divino, en cambio, se presenta como una entidad lejana y apenas alcanzable. El Cielo es un lugar inalcanzable para Dorotea y Juan, que nunca lo vieron a pesar de haber permanecido en Comala. Desde el mundo de los vivos y de los muertos, el Cielo y la gloria de Dios no se perciben, solo se intuyen y se saben inalcanzables.

La lluvia, como símbolo apocalíptico, tiene un lugar prominente en la novela. En *Pedro Páramo*, la lluvia coincide con momentos que marcan el principio del fin y se vinculan con la extinción de Comala. Su presencia recuerda al Diluvio descrito en el *Pentateuco*, donde la maldad y el pecado de la humanidad llevan a Dios a decretar su extinción. Como dice el *Génesis* (6:5-7):

> Y vio Jehová que la maldad de los hombres era mucha en la tierra, y que todo designio de los pensamientos del corazón

de ellos era de continuo solamente el mal. Y se arrepintió Jehová de haber hecho hombre en la tierra, y le dolió el corazón. Y dijo Jehová: Raeré de sobre la faz de la tierra a los hombres que he creado, desde el hombre hasta la bestia, y hasta el reptil y las aves del cielo; pues me arrepiento de haberlos hecho.[24]

En la obra de Rulfo, la lluvia parece anunciar la pronta extinción de la humanidad en Comala o la persistencia del colosal temporal que la extinguió en el mundo de los muertos que vagan penando en el pueblo. En este temporal está implícita la idea de la extinción del pueblo sin fe que vivía en la maldad y en el pecado y, por sobre todo, la voluntad de Dios que, arrepentido de esa casta humana, quiso su extinción.

Finalmente, el acceso al Cielo, concebido en términos cristianos como la gloria de Dios y la vida eterna, será el resultado de la voluntad de Dios que, en un futuro próximo, premiará los méritos religiosos y morales de los hombres durante su vida terrenal. El único indicio de la existencia de un Cielo y de la posibilidad de acceder a él es que Dolores Preciado está finalmente allí, en un lugar desde el que puede oírse y en el que parece estar aguardando la llegada de sus seres queridos. La otra mujer que parece haber accedido a la gloria de Dios en el relato de Pedro es Susana San Juan, lugar al que Pedro Páramo ya no

---

[24] *La Santa Biblia: Antiguo y Nuevo Testamento*, versión Reina-Valera 1960 (Buenos Aires: Sociedades Bíblicas en América Latina, 1960).

puede llegar:

> A centenares de metros, encima de todas las nubes, más, mucho más allá de todo, estás escondida tú, Susana. Escondida en la inmensidad de Dios, detrás de su Divina Providencia, donde yo no puedo alcanzarte ni verte y donde no llegan mis palabras. [25]

Aun así, los relatos de Juan y Dorotea también revelan que Susana permanece en una tumba cercana, hablando sola como cuando estaba viva. Luego, la esperanza de alcanzar la gloria de Dios y la salvación de las almas se manifiesta de manera ambivalente en los sueños de Dorotea, una mujer insana en vida que, en la muerte, dice haber tenido dos sueños: el bendito y el maldito:

> ...en el Cielo me dijeron que se habían equivocado conmigo [...] Llegué al Cielo y me asomé a ver si entre los ángeles reconocía la cara de mi hijo. Y nada. Todas las caras eran iguales, hechas con el mismo molde. Entonces pregunté. Uno de aquellos santos se me acercó, y sin decirme nada, hundió una de sus manos en mi estómago como si la hubiera hundido en un montón de cera. Al sacarla me mostró algo así como una cáscara de nuez: «Esto prueba lo que te demuestra». Tú sabes cómo hablan raro allá arriba; pero se les entiende. Les quise decir que aquello era sólo mi estómago engarruñado por las hambres y por el poco o de aquellos santos me empujó por los hombros y me enseñó la

---

[25] Rulfo, *Pedro Páramo*, 14–15.

puerta de salida: «Ve a descansar un poco más en la tierra, hija, y procura ser buena para que tu purgatorio sea menos largo.[26]

El universo divino de *Pedro Páramo*, con su Cielo distante e inalcanzable, queda sugerido en las imágenes apocalípticas que impregnan la obra. En este cosmos, los personajes no logran formar parte del mundo celestial ni acceder plenamente a él, lo que refuerza el sentido de aislamiento y desesperanza que caracteriza a Comala y sus habitantes.

---

[26] Rulfo, *Pedro Páramo*, 51.

Las formas del universo humano

Comala como paraíso terrenal

En lo que respecta a las imágenes apocalípticas vinculadas a *La teoría del significado arquetípico*, Frye explica que el mundo apocalíptico, el Cielo en nuestra tradición religiosa, presenta, en primer lugar, las categorías de la realidad según las formas del deseo humano, tal como están indicadas por las formas que asume bajo la acción de la civilización humana.

La forma que el trabajo y el deseo humanos imponen al mundo vegetal, por ejemplo, es la del jardín, la granja, el bosque o el parque. La forma humana del mundo animal es un mundo de animales domesticados, entre los cuales la oveja tiene una prioridad tradicional tanto en las metáforas clásicas como en las cristianas. La forma humana del mundo mineral, es decir, la forma en la que el trabajo humano transforma la piedra, es la ciudad. La ciudad, el jardín y el redil son las metáforas organizadoras de la Biblia y de la mayoría del simbolismo cristiano, y se funden en una completa identificación metafórica en el libro llamado explícitamente Apocalipsis o Revelación, que ha sido cuidadosamente diseñado para constituir una conclusión mítica no desplazada de la Biblia en su conjunto. Desde nuestro punto de vista, esto significa que el Apocalipsis bíblico es nuestra gramática de las imágenes apocalípticas.[27]

Desde el principio, la novela de Rulfo se caracteriza por la presencia de relatos que describen, entre otras cosas, un entorno idílico, en el que Comala se presenta como un pueblo humilde, pero favorecido por la Madre Naturaleza y la Providencia de Dios. Los personajes se mimetizan con su entorno natural y sus vidas transcurren en una rutina armoniosa, en un medio en el que prevalece el encanto, el amor entre sus miembros y una suerte de estructura moral que los dota de características divinas. Uno de estos relatos es el de Dolores Preciado, que describe el pueblo como el mismísimo Edén:

> Hay allí, pasando el puerto de Los Colimontes, la vista muy hermosa de una llanura verde, algo amarilla por el maíz maduro. Desde ese lugar se ve Comala, blanqueando la tierra, iluminándola durante la noche [...] Llanuras verdes. Ver subir y bajar el horizonte con el viento que mueve las espigas, el rizar de la tarde con una lluvia de triples rizos. El color de la tierra, el olor de la alfalfa y del pan. Un pueblo que huele a miel derramada...[28]

De igual manera, la narración nos proporciona muchas otras descripciones que muestran a Comala

---

[27] Frye, *Anatomía de la crítica*, 187–88.
[28] Rulfo, *Pedro Páramo*, 14.

como un paraíso terrenal fruto del deseo humano. Otro ejemplo significativo de tales descripciones son los recuerdos de la infancia de Pedro Páramo, un hombre ya mayor dolido por la pérdida de su único y verdadero amor, Susana San Juan. Finalmente, con su actitud sedente tras la muerte de Susana y ante la insensibilidad del pueblo, se propone llevarlo a la ruina. Desde ese trágico presente, Pedro Páramo añora sus años de juventud junto a Susana:

> Pensaba en ti, Susana. En las lomas verdes. Cuando volábamos papalotes en la época del aire. Oíamos allá abajo el rumor viviente del pueblo mientras estábamos encima de él, arriba de la loma, en tanto se nos iba el hilo del cáñamo arrastrado por el viento. "Ayúdame Susana". Y unas manos suaves se apretaban a nuestras manos. «Suelta más hilo». [...] A centenares de metros, encima de todas las nubes, más, mucho más allá de todo, estás escondida tú, Susana. Escondida en la inmensidad de Dios, detrás de su Divina Providencia, donde yo no puedo alcanzarte ni verte y donde no llegan mis palabras. [29]

Tanto los recuerdos de Pedro como los de Dolores son similares en cuanto a la añoranza. Los recuerdos de Pedro Páramo expresan, además, la felicidad de sus días junto a Susana y la inocencia perdida de su infancia. Ambos relatos se caracterizan también por la manifestación del deseo que, en la obra de Rulfo, tiene

---

[29] Rulfo, *Pedro Páramo*, 14–15.

una importancia fundamental en relación con los sentimientos de los personajes: el deseo de Juan Preciado por encontrar a su padre (para conocer su origen y para cumplir el mandato de su madre), el deseo de Pedro Páramo por conseguir el amor de Susana San Juan, el deseo de Dolores Preciado por vengar el destierro y el olvido.

Todas estas manifestaciones del deseo que se reflejan en los pensamientos de los personajes se ven acompañadas por su medio o enmarcadas por su entorno. La repetición de ciertas imágenes frecuentes de la naturaleza, como «las llanuras verdes, algo amarillas por el maíz maduro», no son coincidencias, sino que indican cierta unidad en el entorno que imita la literatura y en la actividad comunicante de la que forma parte su poesía. Si pensamos en las representaciones pastoriles, las encontraremos en Teócrito y Virgilio, en el intrincado simbolismo de la Biblia y en la religión cristiana, en Cristo como el Buen Pastor y en las implicaciones eclesiásticas de «pastor» y «rebaño», por mencionar solo un ejemplo. Es común que los elementos del universo humano —en este caso, los del mundo vegetal que identifican a Comala con un paraíso terrenal— coincidan con las imágenes apocalípticas de significado arquetípico y con el mundo animal, representado por animales domésticos propios de la simbología cristiana, como el cordero y la oveja. En su defecto, para fines literarios, puede representarse con cualquier animal que lo reemplace, en este caso, la gallina:

> El agua que goteaba de las rejas hacía un agujero en la arena del patio. Sonaba: plas plas y luego otra vez plas, en mitad de una hoja de laurel que daba vueltas y rebotes metida en la hendidura de los ladrillos. Ya se había ido la tormenta. Ahora de vez en cuando la brisa sacudía las ramas del granado haciéndolas chorrear en una lluvia espesa, estampando la tierra con gotas brillantes que luego se empañaban. Las gallinas, engarruñadas como si durmieran, sacudían de pronto sus alas y salían al patio, picoteando de prisa, atrapando las lombrices desenterradas por la lluvia.[30]

Asimismo, en otros pasajes de la novela encontramos más imágenes del mundo animal, como en el relato de doña Eduviges, donde la anciana le describe a Juan la rutina de su madre en aquella época. En este relato aparece el gato, perteneciente a las imágenes apocalípticas del mundo animal:

> Tu madre se levantaba antes del amanecer. Prendía el mixtenco. Los gatos se despertaban con el olor de la lumbre. Y ella iba de aquí para allá, seguida por el rondín de gatos.[31]

En relación con las imágenes apocalípticas, Comala se identifica con el paraíso terrenal no solo por las imágenes visuales, sino también a través de los otros

---

[30] Rulfo, *Pedro Páramo*, 13–14.
[31] Rulfo, *Pedro Páramo*, 19.

sentidos. Comala se nos representa como un paraíso que, además de verse, puede palparse, olfatearse y degustarse:

> ...Llanuras verdes. Ver subir y bajar el horizonte con el viento que mueve las espigas, el rizar de la tarde con una lluvia de triples rizos. El color de la tierra, el olor de la alfalfa y del pan. Un pueblo que huele a miel derramada [...] No sentir otro sabor sino el del azahar de los naranjos en la tibieza del campo.[32]

Comala se percibe principalmente a través del oído: Juan Preciado oye hablar de ese paraíso por boca de su madre, un paraíso que existió en el pasado. Comala es el paraíso perdido que se oye a través del rumor los personajes y de sus historias: como la de doña Eduviges, que le cuenta a Juan cómo era la vida de su madre en aquel pueblo; en los recuerdos de Pedro Páramo, pero no en sus palabras; y, sobre todo, en los relatos de Dolores Preciado, que le cuenta a su hijo Juan cómo era ese pueblo de ensueño que ella conoció. En la novela de Rulfo, la referencia a ese paraíso perdido se manifiesta con una distinción tipográfica. Los relatos en boca de Dolores Preciado están en cursiva y evocan aquel pueblo de ensueño de sus años de juventud, que además está relacionado con su deseo

---

[32] Rulfo, *Pedro Páramo*, 19.

de que su hijo lo conozca.[33] Esta es la imagen que Juan Preciado tiene del pueblo; la descripción de ese edén llamado Comala le despierta la ilusión de conocer su origen y el paraíso.

Comala como infierno terrenal

Ya hemos analizado la representación simbólica de Comala como un edén terrenal según el patrón arquetípico del *Génesis*. No obstante, el pueblo también adquiere una representación simbólica vinculada al mundo infernal, ya sea desde la mitología clásica o la tradición religiosa. En una primera instancia, Comala se presenta en la ficción literaria con un tono realista, es decir, con características que pueden identificarse de manera plausible con nuestra realidad. Sin embargo, más adelante surge una descripción del pueblo que contrasta con la idealizada por Dolores al hablar con su hijo y con los recuerdos de Pedro Páramo. Así, otros elementos mitológicos y religiosos configuran un patrón simbólico antagónico, en el que Comala se nos revela como un espacio infernal. Es decir, estos patrones comienzan a sugerir y

---

[33] Otra interpretación del uso de la cursiva en el relato de Dolores Preciado es que podría tratarse de la voz del único ser vivo de la novela: la voz de Dolores en vida, que, después de muerta, alcanza el Cielo y la vida eterna; es decir, continúa viva.

a describir el mundo infernal del relato a través de sus representaciones demoníacas.

En el canto primero de *La Divina Comedia*, *El Infierno*, Dante describe la entrada al mundo subterráneo, donde se le aparece Virgilio, quien le promete guiarlo a través del reino de los muertos: primero en el Infierno, luego en el Purgatorio y, finalmente, accede al Paraíso con la ayuda de Beatriz. De manera análoga, Comala es presentada desde el inicio como el Infierno mismo en boca de Abundio, el arriero:

> —Hace calor aquí —dije.
> —Sí, y esto no es nada —me contestó el otro—. Cálmese. Ya lo sentirá más fuerte cuando lleguemos a Comala. Aquello está sobre las brasas de la tierra, en la mera boca del infierno. Con decirle que muchos de los que allí se mueren, al llegar al infierno regresan por su cobija.[34]

La ubicación geográfica del pueblo es otro indicio que refuerza su asociación con el reino de los muertos. En el prólogo de *La Divina Comedia*, Jorge Luis Borges describe geográficamente la ubicación del Infierno basándose en una concepción ptolomaica y teológica cristiana del universo de Dante:

> La Tierra es una esfera inmóvil; en el centro del hemisferio Boreal (que es el permitido a todos los hombres)

---

[34] Rulfo, *Pedro Páramo*, 11.

está la montaña de Sión. A noventa grados de la montaña, al oriente, un río muere, el Ganges; a noventa grados de la montaña, al poniente, un río nace, el Ebro. El hemisferio austral es de agua, no tierra, y ha sido vedado a los hombres; en el centro hay una montaña antípoda a Sión, la montaña del Purgatorio. Los dos ríos y las dos montañas equidistantes inscriben en la esfera una cruz. Bajo la montaña de Sión pero arto más ancho, se abre hasta el centro de la Tierra un cono invertido, el Infierno, dividido en círculos decrecientes, que son como las gradas de un anfiteatro.[35]

Al igual que el Infierno de Dante, Comala está situada en una depresión. Cuando Juan Preciado encuentra a Abundio, ambos descienden con sus mulas por la pendiente que conduce al pueblo. De la descripción que se hace de Comala en la obra podemos inferir la existencia de al menos un río que lo atraviesa, aunque no se menciona sino en ciertos episodios, salvo cuando se sugiere el mundo de los muertos. Esta imagen remite al mundo de los muertos en la mitología grecorromana, donde el *ínferos* estaba delimitado por la laguna Estigia, de aguas oscuras, cuya entrada era custodiada por Cerbero, el perro infernal. También se sugiere la presencia de un río cuando Dolores Preciado describe Comala: «Hay allí, pasando el puerto de Los Colimontes, la vista muy hermosa de una llanura verde, algo amarilla por el maíz maduro». Asimismo,

---

[35] Jorge Luis Borges, "Prólogo," en *La Divina Comedia* (Barcelona: Océano, 2003), 11.

la existencia de «la casa del puente» refuerza la idea de un paso simbólico hacia otro mundo. Jean Franco interpreta este puente como la entrada al pueblo concebido como un Purgatorio.

En este punto, dos elementos resultan fundamentales en comparación con *La Divina Comedia*: primero, en la segunda parte de la descripción, Borges señala que «el hemisferio austral es de agua, no tierra, y ha sido vedado a los hombres». Por esta razón, el agua como elemento vital no aparece en la descripción de Abundio, por lo tanto, la sequía está presente a lo largo de toda la obra, al menos cuando se describe a Comala como un mundo infernal. El segundo elemento deriva de la ambigüedad de la frase de Abundio: «Como quien dice, toda la tierra que se puede abarcar con la mirada». Si comparamos la descripción que hace Abundio con la de Borges, podemos identificar una correspondencia entre los dos montes en puntos opuestos y el centro simbólico de Sión, que marca la ubicación del Purgatorio:

> —Mire usted —me dice el arriero, deteniéndose—: ¿Ve aquella loma que parece vejiga de puerco? Pues detracito de ella está la Media Luna. Ahora voltié para allá. ¿Ve la ceja de aquel cerro? Véala. Y ahora voltié para este otro rumbo. ¿Ve la otra ceja que casi no se ve de lo lejos que está? Bueno pues eso es la Media Luna de punta a cabo. Como quien dice, toda la tierra que se puede abarcar con la mirada.[36]

---

[36] Rulfo, *Pedro Páramo*, 9-10.

Jean Franco explica que, en *Pedro Páramo*, la misma topografía funciona como Cielo, Infierno, Purgatorio y mundo real. Comala es, al mismo tiempo, «la mera boca del infierno», «una llanura verde», «es la tierra de miel y de leche», «un horizonte gris», un lugar en el que «todo parecía estar a la espera de algo», un lugar de abundancia o un oasis de luz «blanqueando la tierra iluminándola, durante la noche».[37]

Desde el primer momento, *Pedro Páramo* nos introduce de manera simultánea en dos mundos opuestos: el celestial y el infernal. El primero corresponde a un pasado remoto en el que Comala se vivía como un paraíso terrenal, como un pueblo favorecido por la naturaleza y la honradez de su gente. El segundo, a un pasado más reciente que revela las causas de su decadencia, no solo por la influencia de Pedro Páramo, sino por la vida que llevaban sus habitantes. Ambos mundos componen casi la totalidad de la ambientación, y la historia del pueblo —la narración de los hechos que llevaron a Comala a la ruina y a su gente al Infierno— constituye la acción de la novela.

Con el diálogo entre doña Eduviges y Juan Preciado comienza el relato que describe ese mundo demoníaco de Comala. Esta visión se entrelaza, en

---

[37] Jean Franco, "El viaje al país de los muertos," en *Para cuando yo me ausente* (México: Grijalbo, 1982), 222.

términos de estructura semántica literaria, con imágenes y símbolos extraídos tanto de la mitología como de la Biblia. Según Frye, «el mundo demoníaco humano es una sociedad constituida por una especie de tensión molecular de los egos, una lealtad al grupo o al jefe»,[38] que en la novela de Rulfo está encarnada por Pedro Páramo, que menoscaba al individuo, o en el menor de los casos, establece un contraste entre su placer y su deber u honor. Este mundo demoníaco se manifiesta en casi todos los relatos que se refieren al convulso pasado del pueblo y a la moralidad de su gente. En la narración de doña Eduviges Dyada se describen múltiples episodios de decadencia moral del pueblo. En uno de ellos, Eduviges le cuenta a Juan sobre la relación de su madre Dolores con Pedro Páramo, revelando que la noche de bodas fue ella, y no Dolores, quien se acostó con Pedro. También se menciona a Inocencio Osorio, un hombre de dudosa reputación —sobre todo con las mujeres—, quien le advirtió a Dolores que no pase la noche con su marido, que «esa noche no debía repegarse a ningún hombre porque estaba brava la luna». Asimismo, en el relato se insinúa que Pedro Páramo nunca se interesó en Dolores (ya que realmente estaba enamorado de Susana San Juan), sino en sus tierras y en su fortuna. Su matrimonio con Dolores no fue más que una artimaña de Pedro para saldar la deuda que tenía con la

---

[38] Frye, *Anatomía de la crítica*, 196.

familia Preciado y apoderarse de sus tierras.

De este modo, Pedro Páramo se consolida como un terrateniente egoísta y despiadado que se vale de la lealtad de sus seguidores para vengar a su padre y saciar su voraz ambición. En su relación con la comunidad de Comala, se aprovecha, sin reparos éticos, de la ingenuidad de la gente y del respeto que le tienen, que más que respeto es un temor disimulado, para obtener todo lo que ambiciona. Su desmesurada ambición y egoísmo quedan representados en el hecho de que, finalmente, se adueña del pueblo. No obstante, este tirano despiadado se vuelve vulnerable cuando intenta alcanzar lo que considera su mayor bien: el amor de Susana San Juan. En este aspecto, Pedro Páramo exhibe toda su pavorosa debilidad: el hombre pétreo y poderoso, a quien todos temen, es capaz de derrumbarse ante sus sentimientos por Susana. Incapaz de conseguir su amor, Pedro se torna destructivo y termina por aniquilar todo lo que se interpone en su camino, incluido el pueblo. La descripción que Northrop Frye hace del arquetipo del jefe-tirano coincide notablemente con la de Pedro Páramo en la obra de Rulfo:

> En la concepción apocalíptica de la vida humana, encontramos tres tipos de realización: individual, sexual y social. En el mundo humano siniestro, uno de los polos individuales es el jefe-tirano, inescrutable, despiadado, melancólico y con una voluntad insaciable, que solo

consigue lealtad si es lo suficientemente egocéntrico como para representar el ego colectivo de sus seguidores. El otro polo está representado por el *pharmakos* o víctima sacrificial, que debe ser eliminada para fortalecer a los demás. En la forma más concentrada de la parodia demoníaca, ambos polos se funden en uno solo. El ritual del asesinato del rey divino en Frazer, sea lo que sea en términos antropológicos, constituye, en la crítica literaria, la forma demoníaca o radical no desplazada de las estructuras trágicas e irónicas.[39]

En el infierno terrenal de Comala se despliega otra dimensión accesoria e inmaterial: el mundo de los muertos, una extensión del pueblo que encarna su carácter demoníaco. Esta dimensión se evoca a través de Miguel Páramo, quien encuentra la muerte en una noche en que se dirigía a visitar a una de sus amantes en un pueblo cercano. Su relato ofrece una de las imágenes más nítidas de la naturaleza infernal de Comala. Este mundo de los muertos se entrelaza con la mitología popular que afirma que los fallecidos regresan al lugar donde vivieron. Miguel Páramo describe su propia muerte y el mundo de los muertos de la siguiente manera:

– ¿Qué pasó? –le dije a Miguel Páramo–. ¿Te dieron calabazas?
– No. Ella me sigue queriendo –me dijo–. Lo que sucede es que no pude dar con ella. Se me perdió el pueblo. Había mucha neblina o humo o no sé qué; pero sí sé que Contla no

---

[39] Frye, *Anatomía de la Crítica*, 196.

existe. Fui más allá, según mis cálculos y no encontré nada […] Si se lo dijera a los demás lo de Contla dirían que estoy loco, como siempre han dicho que estoy.
  – No. Loco no, Miguel. Debes estar muerto. Acuérdate que te dijeron que ese caballo te iba a matar algún día. Acuérdate, Miguel Páramo, tal vez te pusiste a hacer locuras y eso ya es otra cosa.
  – Sólo brinqué el muro de piedra que mandó poner mi padre. Hice que el Colorado lo brincara para no ir a dar ese rodeo tan largo que hay que dar ahora para encontrar el camino. Sé que lo brinqué y después seguí corriendo; pero, como te digo, no había más que humo y humo y humo.[40]

La descripción que hace Miguel Páramo del mundo de los muertos recuerda la que Homero presenta en la *Odisea*. En el canto XI, *Descensus ad Inferos*, Odiseo penetra en el Hades para pedir oráculo al alma del tebano Tiresias. Un aspecto interesante de esta comparación es que tanto Comala como el pueblo de los cimerios son lugares tenebrosos donde no llega la luz del sol y donde se encuentra el mundo inmaterial de los muertos. En el relato del viaje, Odiseo describe:

> Y Helios se sumergió, y todos los caminos se llenaron de sombras. Entonces llegó nuestra nave a los confines de Océano, de profundas corrientes, donde está el pueblo y la ciudad de los hombres Cimerios cubiertos por la oscuridad y la niebla.[41]

---

[40] Rulfo, *Pedro Páramo*, 22.
[41] Homero, *Odisea* (Madrid: Editorial Cátedra, 2000), 201.

En ambos relatos, el mundo de los muertos carece de materialidad. El alma de Miguel Páramo vaga sin rumbo en las tinieblas sin poder encontrar ni el camino ni la ciudad; Odiseo, una vez en el mundo de los muertos, comienza a ver congregadas las almas de los difuntos desde el Erebo, sin más descripción que la de Tiresias y la de su madre fallecida: las tinieblas propiamente dichas, ese lugar sin luz ni gozos, esa «nebulosa oscuridad» en la que vagan las almas de los muertos. Así, el mundo material de los difuntos adquiere también características similares a las de la mitología egipcia:

> ¡Oh Tum! ¿A qué lugar llego ahora? ¡Ay! ¡No encuentro aire puro para respirar, y no hay agua! No percibo por ningún lado, ni tampoco se adivina en las tinieblas, otra cosa sino abismos y precipicios... ¡Qué oscuridad impenetrable! Mis pasos exploran con titubeos el camino y avanzando a tientas.[42]

En el mundo de los muertos, las almas de los difuntos deambulan sin rumbo en las tinieblas y, como Miguel Páramo o Tiresias, pueden comunicarse con los vivos. Esta manifestación de los muertos ante los vivos, ya sea por voluntad propia o de quienes los invocan, es un tema ancestral y recurrente en la literatura y la mitología, presente en Dante,

---

[42] *El libro egipcio de los muertos* (Buenos Aires: NEED, 1998), 378.

Shakespeare y Rulfo. Finalmente, en el plano religioso, la errancia en las tinieblas y la pérdida del camino están estrechamente vinculadas con la simbología bíblica: mientras que Isaías profetiza un sendero que conduce a Dios a través del desierto, en la cosmogonía infernal de Rulfo —en este caso, en la árida geografía de Comala— prevalece la idea del extravío absoluto, donde no hay redención ni destino, sino una condena eterna de incertidumbre y olvido.

En este contexto sombrío, las acciones de los personajes refuerzan la imagen demoníaca de Comala como un pueblo infernal. En este escenario de corrupción moral, donde predominan las traiciones, los crímenes y la deslealtad, el pueblo se convierte en un verdadero averno donde la maldad impera y la decadencia es inevitable. Estas acciones no solo causan el sufrimiento de los habitantes, sino que precipitan la ruina de todo el pueblo, que termina siendo la antítesis del paraíso terrenal que alguna vez conoció Dolores Preciado. La novela presenta una larga enumeración de hechos que refuerzan esta dimensión infernal, iniciando con el relato de los últimos momentos de Toribio Alderete en el albergue de Eduviges. En esta escena, Eduviges cuenta cómo Fulgor Sedano, por orden de Pedro Páramo, ahorcó a Toribio en una de las habitaciones para apropiarse de sus tierras. De manera similar, la narración revela cómo Pedro Páramo, movido por el interés y no por el afecto, decide casarse con Dolores Preciado para saldar su deuda con las hermanas Preciado. Este matrimonio, sustentado en promesas vacías y un amor simulado, desemboca en el sufrimiento de Dolores, quien es víctima del desdén y el maltrato de Pedro. Una vez que la aleja de su vida, Pedro se apodera de todos sus bienes, incluidas sus tierras, consumando así una nueva traición que reafirma la condena moral de Comala.

La larga sucesión de eventos continúa con los relatos sobre Miguel, hijo de Pedro Páramo, cuya conducta refuerza la imagen de Comala como un espacio de corrupción moral y condena. El relato cuenta que, al llegar a su casa y oír hablar de Dorotea, Miguel pregunta a Damiana por ella. Al enterarse de su vulnerabilidad, decide visitarla con la clara intención de aprovecharse de su fragilidad mental. La narración continúa con la muerte de Miguel Páramo y la confesión de Eduviges de que mantenía una relación con él. Poco después, el relato nos conduce a la muerte de Miguel Páramo, quien cae de su caballo mientras se dirigía a Contla, donde afirmaba que visitaría a otra mujer. Su muerte da lugar a una revelación inquietante: su alma regresa a Comala para contarle a Eduviges lo sucedido. Al final, la negativa del padre Rentería a concederle el perdón descubre aún más la naturaleza vil de Miguel, a quien se le atribuye además el asesinato del hermano del cura y la violación de su sobrina.

En el velorio de su hijo, Pedro Páramo intenta comprar la absolución del alma de su Miguel. En un primer momento, el padre Rentería se la niega, pero Pedro Páramo insiste en conseguir ese perdón con su dinero, dándole al cura algunas monedas de oro. La codicia del padre Rentería, encendida por el soborno de Pedro, lo lleva a hablar con su sobrina para disipar las sospechas que incriminan a Miguel por la violación, pero en el fondo, al cuestionar a su sobrina, el sacerdote trata de convencerse a sí mismo de la inocencia de Miguel para poder perdonarlo y aceptar el soborno. Para mitigar su sentimiento de culpa y aliviar su conciencia, el cura evalúa la posibilidad de que Miguel Páramo no fuera quien violó a su sobrina. Por último, consciente de los males que Miguel había causado a mucha gente, el padre Rentería, preso de su debilidad, le concede el perdón. El padre Rentería le concede el perdón a Miguel sabiendo que él mismo vivía en pecado; se lo había dicho el cura que le negó la absolución en Contla: «No puedes seguir consagrando a los demás si tú mismo estás en pecado».[43] Este acto lo arrastra a su propia perdición: el sacerdote, símbolo de una Iglesia corrompida por la hipocresía y la avaricia, se convierte en la imagen de la fe perdida de Comala, un pueblo olvidado por Dios y destinado a la condena. La muerte de Miguel Páramo significa la caída de algunos personajes principales del

---

[43] Rulfo, *Pedro Páramo*, 60.

pueblo, como la de Pedro Páramo, pero, principalmente, la muerte de Miguel arrastra al padre Rentería, a la fe y a la Iglesia Católica con él al Infierno.

Estos eventos del mundo demoníaco precipitan la ruina de Comala y su gente. Aquel paraíso terrenal que alguna vez vio Dolores y que alimentó la ilusión de Juan se desvanece bajo el peso de las acciones humanas. En esta obra, Rulfo sugiere que la humanidad, incapaz de preservar su bienestar, se condena a sí misma con sus propios actos. Este paraíso ausente representa no solo la felicidad inalcanzable o perdida, sino también la corrupción de la inocencia y la degradación de los valores. Dolores Preciado contempla a Comala como un edén con ojos jóvenes y esperanzados; Pedro Páramo lo recuerda de la misma manera en sus recuerdos de juventud, volando papalotes junto a Susana. Sin embargo, tras la muerte de su padre y sin el amor de Susana, Pedro Páramo se convierte en la figura del tirano perverso y ambicioso que somete al pueblo a sus prerrogativas, al que todos le deben lealtad, que decide adueñarse del pueblo y vengar la muerte de su padre. Su hijo Miguel, al igual que Pedro, es la personificación del mal; es su vástago más querido porque, en definitiva, es como él, «a su imagen y semejanza».

El padre Rentería personifica la corrupción y la hipocresía de una Iglesia Católica que ha perdido su propósito espiritual. Encarnando una fe sometida a la ambición, representa una institución que negocia con la salvación, intercambiando el perdón por dinero y justificando los pecados de los poderosos mientras niega la redención a los pobres. La figura de Rentería simboliza una fe distorsionada que comercia con almas, cediendo ante las excusas de un poderoso Pedro Páramo. Esta decadencia refleja la fe perdida de un pueblo que, olvidado de Dios, se encamina hacia la perdición y se condena a la imposibilidad de alcanzar la gloria divina. Tras la muerte de Miguel, y al ceder a la corrupción, tanto la Iglesia como su fe parecen sucumbir al reino de los muertos. La noche en que el padre Rentería sale a caminar, sus pasos ahuyentan a los perros que hurgan en la basura, criaturas que evocan a los guardianes del infierno. Bajo su mirada, el agua negra del río forma remolinos que recuerdan la laguna Estigia, mientras una lluvia de lumbre desciende del cielo, como si Sodoma y Gomorra revivieran su condena. Todo presagia el más terrible de los finales, como si la ira de Dios estuviera a punto de consumarse.

En contraste con la primera parte, la segunda sección de *Pedro Páramo* se caracteriza por una marcada inclinación hacia el realismo. Sin dejar de representar en Comala una población de muertos andantes, el escritor atenúa los patrones míticos para adoptar una narrativa más terrenal, conserva su enfoque en la representación de la moralidad de los personajes y de Comala, un pueblo condenado a un infierno trágico y violento, desprovisto tanto de moralidad como de la gracia divina. Sin embargo, persisten elementos fantásticos, como los diálogos entre los muertos enterrados, lo que mantiene la atmósfera espectral de la obra. Esta segunda parte se inicia tras la caída del padre Rentería y cobra un giro significativo con el relato de la difunta Susana San Juan, quien asume un papel protagónico. A través de sus recuerdos, se desvela su historia, la de su padre Bartolomé y su convivencia con Pedro Páramo. Además, esta parte del relato está marcado por los eventos de la Revolución Mexicana y la Rebelión Cristera, donde los hombres al servicio de Pedro Páramo, liderados por El Tilcuate, se unen a las filas revolucionarias, entrelazando el destino de Comala con la violencia y el caos de la época.

    Felipe Garrido explica que muchos críticos han querido fundamentar el carácter de la obra de Rulfo en el hecho de que su niñez se vio afectada por estos períodos históricos de México; sin embargo, el escritor siempre se ha opuesto a estas interpretaciones biográficas que suponen la relación de su obra con su propia infancia o con el trágico destino de su familia. En relación con esta situación histórica de la obra, Felipe Garrido concluye:

No es posible desconocer la importancia de la ubicación espacial (la región de Jalisco) y temporal (los años de la Revolución y de la rebelión cristera) de la narrativa de Rulfo, un autor para quien tan importante es hablar no de abstracciones sino del hombre concreto, con lugar en la historia y un sitio sobre la tierra. Mas tampoco es posible olvidar que Rulfo nunca se ha propuesto a hacer literatura "histórica", reconstruir una época precisa del pasado de México, y menos aún engrosar las nutridas filas del regionalismo.[44]

Jorge Ruffinelli sugiere que el sistema expresivo de Rulfo se fundamenta, en parte, en la geografía y el período histórico de *Pedro Páramo*, específicamente en el «erosionado suelo jalisciense» y en «la diáspora de los campesinos hacia las ciudades principales». Añade que «la violencia muda, natural y espontánea de los personajes debe buscarse también en la realidad de su país durante el proceso posrevolucionario».[45] Así, la expresividad de Rulfo, alimentada por la realidad histórica mexicana, ofrece un retrato crudo y atroz de su pueblo, de sus habitantes marcados por una revolución que los ha forjado violentos y trágicos. En esta segunda parte de la novela, la Rebelión Cristera se erige como un trasfondo histórico que intensifica la narrativa. Tras la caída del padre Rentería, símbolo de la decadencia de la Iglesia y la fe, el sacerdote emerge

---

[44] Garrido, "Pedro Páramo y El llano en llamas," 18–19.
[45] Ruffinelli, "Juan Rulfo", 38.

como un participante activo en la rebelión, alzándose en armas. Este acto revela que su transgresión de la doctrina religiosa no es simplemente una cuestión de fe, sino una manifestación de la realidad social y política de esa geografía y de ese tiempo. La actitud beligerante del padre Rentería se funde de manera natural con el realismo de la obra, reflejando la complejidad de un México convulsionado por la violencia posrevolucionaria.

Más allá de los detalles históricos y los recursos narrativos de Rulfo, la violencia y la barbarie en *Pedro Páramo* no funcionan como una simple crítica política o histórica, sino como un retrato atroz de la condición humana. Cualquier período de revolución y matanza —sea la Revolución Mexicana, la Rebelión Cristera u otro contexto similar— habría servido para este propósito. Para los hombres de la región, la violencia, la tragedia y el sufrimiento no son solo formas de vivir, sino las estructuras que modelan sus existencias. Estos tres moldes forjan a los hombres mexicanos en seres violentos, trágicos y dolientes, atrapados en un ciclo de sufrimiento y de infligir dolor. Lejos de proponer una teoría determinista en *Pedro Páramo*, Rulfo muestra cómo estos períodos históricos de violencia desmedida han marcado profundamente a los individuos, configurando identidades que trascienden sus experiencias individuales y se convierten en parte de la esencia misma del pueblo mexicano.

En el universo demoníaco, según Frye, se manifiesta un mundo de pesadilla, dolor y confusión, donde el trabajo es pervertido e inútil y reina la insensatez. Los símbolos del Cielo en este contexto evocan una realidad distante e inaccesible, regida por dioses remotos y ausentes, cuyas prerrogativas divinas resultan irónicas, ya que su libertad y placer excluyen al ser humano. Estos dioses intervienen en los asuntos humanos solo para preservar su autoridad, acentuando la desesperanza de este ámbito demoníaco. En este universo, los animales adquieren formas monstruosas o se presentan como bestias de presa: el lobo, eterno enemigo de la oveja; el buitre, símbolo de la carroña y la desolación; el tigre, encarnación de la ferocidad; y el dragón, representante del mal absoluto en la Biblia.

Del mismo modo, Pedro Páramo presenta animales vinculados a los personajes más malignos y a los símbolos del mundo demoníaco. Un ejemplo claro es el caballo de Miguel Páramo, el Colorado, cuya fiereza indómita y violenta refleja la naturaleza perversa de su dueño. Además, ciertos rasgos animales se proyectan sobre los personajes, reforzando su conexión con lo infernal. Miguel Páramo, de hecho, es descrito por su padre como «la reencarnación del mal» desde niño: «El muchacho se retorcía, pequeño como era, como una víbora». La víbora, símbolo recurrente en la tradición religiosa, encarna lo monstruoso, lo maligno y la esencia paradójica del mal como negación moral y eterna. Asimismo, aves de mal agüero, como bandadas de cuervos, surcan el cielo de Comala en momentos clave, intensificando la atmósfera ominosa, mientras que el canto de los gallos evoca la traición a Jesús, cargando de significado religioso el entorno demoníaco. En la segunda parte de la novela, los bramidos de los toros resuenan en la oscuridad, anunciando una presencia infernal: «Esos animales nunca duermen –dijo Damiana Cisneros–. Nunca duermen. Son como el diablo, que siempre anda buscando almas para llevárselas al infierno». Además, la turba adquiere una dimensión bestial y siniestra, reflejando a una sociedad humana que busca un *pharmakos* o chivo expiatorio. Esta imagen alcanza su clímax con la muerte de Susana San Juan. El 8 de diciembre, día de la Virgen, las campanas repicaron y Comala se llenó de fieles que, ignorando el duelo de Pedro Páramo, festejaron sin piedad. Herido por la indiferencia del pueblo ante su dolor, Pedro Páramo juró cruzarse de brazos, condenando a Comala a una muerte inevitable.

En lo que respecta a la representación del mundo vegetal en las imágenes del universo demoníaco, se condensa casi exclusivamente en una sola palabra: el apellido del personaje que da nombre a la novela. Al respecto, Northrop Frye señala lo siguiente:

> El mundo vegetal es un bosque siniestro, como los que

encontramos en *Comus* o al comienzo del *Infierno*, o un páramo, que, desde Shakespeare hasta Hardy, ha sido asociado con el destino trágico, ...[46]

El destino trágico que pesa sobre el pueblo y sobre Pedro Páramo parece inevitable. La tragedia de Pedro Páramo radica en la pérdida de su hijo Miguel, en la imposibilidad de alcanzar el amor de Susana, en su soledad durante la vejez, en la muerte de la mujer amada y en su propio parricidio a manos de Abundio, uno de sus hijos no reconocidos. Por su parte, la tragedia del pueblo se manifiesta en una sociedad brutal, inmersa en la violencia, carente de valores y de sentido religioso, lo que la condena a la perdición y, finalmente, a su extinción. En última instancia, se trata de una comunidad que se ha configurado bajo el yugo de un líder violento y despiadado, reflejando así una correspondencia ineludible entre el destino del pueblo y el de su cacique.

Por otra parte, el mundo inorgánico del ámbito demoníaco, «que conserva su forma no elaborada de desiertos, rocas y yermos», se refleja en la etimología del nombre de Pedro (del latín *petreus*, que significa 'de piedra')[47]. Este nombre no solo evoca la aridez y dureza del paisaje, sino que también alude al apóstol

---

[46] Frye, *Anatomía de la Crítica*, 198.
[47] Pedro es el nombre del apóstol llamado Simón, que era pescador de Galilea cuando se acercó a Jesús, quien le dio el nombre de Cefas (piedra) y le dijo: «Sobre esta piedra levantaré mi Iglesia».

que negó a Cristo, reforzando la negación del Salvador presente en el universo demoníaco de la novela. De este modo, el nombre del protagonista sintetiza tanto la geografía desolada de Comala como su condenación espiritual. Además, el terreno árido y desértico de Comala simboliza una humanidad perdida y sumida en la perdición, una sociedad desprovista de vida y de esperanza, incapaz de alcanzar cualquier forma de resurrección.

Una vez más, la geografía y las descripciones del pueblo se entrelazan al analizar el mundo de fuego en las imágenes apocalípticas de la novela. Este mundo de fuego representa a los demonios malévolos que se manifiestan en autos de fe o en ciudades ardientes como Sodoma. Comala, como ya se mencionó, es descrita como un lugar infernal: «está sobre las brasas de la tierra, en la mera boca del infierno». Además, el fuego aparece como un presagio del Armagedón, como en el diálogo entre Terencio y Jesús durante la noche de la muerte de Miguel: «Había estrellas fugaces. Caían como si el cielo estuviera lloviendo lumbre. —Es que le están celebrando su función al Miguelito —terció Jesús—. ¿No será mala señal?».[48] Este fuego apocalíptico también adquiere un matiz purificador en la noche en que Miguel Páramo muere y el padre Rentería recorre las calles desiertas de Comala: «Salió afuera y miró el cielo. Llovían estrellas. Lamentó

---

[48] Rulfo, *Pedro Páramo*, 27.

aquello porque hubiera querido ver un cielo quieto. Oyó el canto de los gallos. Sintió la envoltura de la noche cubriendo la tierra, "este valle de lágrimas"».[49] Estas imágenes refuerzan la atmósfera de condenación y el carácter ineludible del juicio divino que impregnan el paisaje de Comala.

En el mundo demoníaco, el agua, como símbolo de muerte, se vincula con imágenes apocalípticas como el Diluvio Universal, que aniquiló a la humanidad, y también puede interpretarse como un presagio de destrucción que enmarca las acciones morales del pueblo. Esta relación se profundiza en *Pedro Páramo*, donde el agua se asocia tanto con la muerte como con la sangre derramada. La noche en que el padre Rentería deambula por Comala, el relato describe: «Llegó hasta el río y allí se entretuvo mirando en los remansos el reflejo de las estrellas que se estaban cayendo del cielo. Duró varias horas luchando con sus pensamientos, tirándolos al agua negra del río».[50] Esta imagen configura un escenario infernal: los perros husmean entre la basura, el cielo llueve fuego, los toros braman en la oscuridad y el agua del río se presenta oscura, evocando un río infernal o de sangre.

Finalmente, aunque en apariencia Pedro Páramo es el único responsable de tanta miseria y sufrimiento, Comala se revela como un infierno terrenal que refleja

---

[49] Rulfo, *Pedro Páramo*, 58.
[50] Rulfo, *Pedro Páramo*, 58.

la caída religiosa y moral de toda la comunidad. La ausencia de una estructura moral y de valores religiosos que orienten sus acciones hacia el bien común, junto con la pérdida de la fe simbolizada en el padre Rentería, se convierten en signos de su camino hacia la perdición. La comunidad se transforma en un espacio violento y trágico, donde el derramamiento de sangre y el sufrimiento conforman el escenario cotidiano. Así, la narrativa va más allá de una mera finalidad estética y se convierte en una reflexión profunda sobre el sentido moral y religioso de un pueblo condenado.

Comala como purgatorio

En *Pedro Páramo*, Comala no solo se presenta como un infierno terrenal, un lugar devastado por el crimen y la miseria, sino también como un Purgatorio donde las almas que murieron en pecado regresan para purificarse. Al respecto, Rulfo fusiona un mito popular con la creencia religiosa en el Purgatorio, un espacio de redención de los pecados. En *El Purgatorio* (canto primero), Dante describe este lugar como «aquella segunda región en que se purifica el alma humana y se hace digna de remontarse al Cielo».[51] Esta idea se

---

[51] Dante Alighieri, *La Divina Comedia* (Barcelona: Océano, 2003), 211.

refleja en el diálogo entre Juan Preciado y Dorotea, después de que Juan le cuenta sobre su propia muerte, Dorotea hace mención de los dos sueños que tuvo, el «bendito» y el «maldito»; en el primero soñó que había tenido un hijo; en el segundo, asegura que llegó al Cielo buscando a su hijo y que, luego de mostrarle la puerta de salida, uno de los santo le aconsejó: «Ve a descansar un poco más en la tierra, hija, y procura ser buena para que tu purgatorio sea menos largo». [52]

Aunque los mitos populares suelen considerarse paganos, en *Pedro Páramo* se entrelazan con las creencias judeocristianas, formando la estructura simbólica de la novela. El propio Rulfo explicó a Joseph Sommers: «Y dentro de este confuso mundo, se supone que los únicos que regresan a la tierra (es una creencia muy popular) son las ánimas de aquellos muertos que murieron en pecado, pues regresaban en su mayor parte. Habitaban nuevamente el pueblo, pero eran ánimas, no eran seres vivos»[53]. Estas ánimas habitan Comala como espectros, una existencia que evidencia un trasfondo moral y religioso. Las almas en pena que vagan por Comala son las de aquellos que murieron en pecado. La ausencia de personajes como Pedro Páramo, Miguel y Dolores Preciado en el purgatorio sugiere su destino: los dos primeros,

---

[52] Rulfo, *Pedro Páramo*, 51.
[53] Juan Rulfo, "Entrevista con Joseph Sommers," *Hispamérica* 4–5 (1973): 106–7.

condenados al Infierno; Dolores, en cambio, parece haber alcanzado la gloria celestial, el Cielo inalcanzable al que solo algunos acceden.

Comala se configura como un Purgatorio habitado por almas en pena, similar al Infierno de la mitología clásica, pero con matices distintivos. En este estadio de Comala como purgatorio pueden reconocerse algunos elementos pertenecientes al mundo infernal como resabios o vestigios de su paso por el pueblo. Como el Infierno, el Purgatorio de Comala carece de una estructura física viva. Las ánimas vagan por un pueblo fantasma cuya descripción se limita a casas y cuartos abandonados, puertas abiertas y techos derrumbados, un pueblo donde las descripciones como Edén terrenal con sus árboles, el sol del mediodía, la brisa de la tarde, los animales y las vivencias de los pobladores se limita a un vagabundear de almas solitarias por calles y cuartos vacíos. La vegetación se reduce a imágenes vagas de hojas y árboles inexistentes, simbolizando la extinción de la vida, no solo de los habitantes, sino del propio Comala. Las primeras luces del alba o del atardecer insinúan el transcurrir del tiempo, pero no permiten distinguir con precisión momentos definidos del día, como la mañana, el mediodía o la tarde. Esta indefinición temporal —la luz incierta del alba o el crepúsculo— refuerza la sensación de perpetua condena. Incluso el lejano ladrido de un perro o la lluvia tenue evocan un pasado infernal y sugieren la posibilidad de un juicio divino.

En este Purgatorio, el comportamiento de los personajes cambia radicalmente. La rebeldía y la soberbia del mundo demoníaco han desaparecido. Los habitantes de Comala deambulan en silencio, resignados y sumidos en la culpa, reflexionando sobre sus pecados. Como ánimas en pena, sus voces se reducen a murmullos casi imperceptibles, susurros de historias pasadas, como el diálogo constante entre Dorotea y Juan Preciado, o el monólogo de Susana San Juan en una tumba cercana. Estos personajes han dejado de vivir sus historias; ahora solo las narran, convirtiéndose en sombras de lo que fueron. Doña Eduviges le cuenta a Juan el pasado de su madre en el pueblo y la relación con su padre. Damiana le narra el pasado de los personajes principales Comala y su propia vida. Dororotea le cuenta su pasado, su vida en la insania, su experiencia en ese pueblo muerto y sus sueños.

Los murmullos tienen un papel central en la narrativa de *Pedro Páramo*. Según Ruffinelli, el título original, *Los murmullos*, evidencia su importancia en relación con la ambientación y la temática de la obra: «uno de los títulos originales del libro, antes del definitivo, demuestra la importancia dada a la atmósfera».[54] Los murmullos no son solo simples manifestaciones fantasmales o recursos estéticos, sino

---

[54] Ruffinelli, "Juan Rulfo", 64.

también ecos de existencias truncadas. Son el rastro de vidas extinguidas, voces etéreas que recuerdan una realidad perdida. Estos personajes ya no son los mismos de aquel mundo idílico de la niñez y la juventud, ni tampoco los soberbios y descarriados hombres y mujeres que desafiaban a Dios con soberbia, con sus actos y con la falta de fe. Ya ni siquiera son la sombra de lo que solían ser en sus últimos días. Solo son una polifonía desordenada de murmullos que apenas se oyen, que solo se dedican a recordar y que, como almas en pena, son apenas perceptibles. Estos murmullos representan la extinción de la vida en la desolación de Comala-Purgatorio, en un ambiente yermo, enclaustrado y sobrepoblado de almas cuyo murmullo ensordecedor crea una atmósfera opresiva que sofoca.

A pesar de su carácter apocalíptico, Comala conserva una similitud con el mundo real: sus tumbas guardan los restos de aquellos que aún deambulan en la superficie. Esta dualidad refleja la concepción material de la existencia, donde los vivos caminan sobre la tierra y los muertos reposan bajo ella. En Comala, los muertos conversan desde sus tumbas mientras sus almas vagan errantes: «—¿Y tu alma? ¿Dónde crees que haya ido? —Debe andar vagando por la tierra como tantas otras; buscando vivos que recen por ella».[55] Esta dualidad revela la maestría de

---

[55] Rulfo, *Pedro Páramo*, 56.

Rulfo al dotar a sus personajes de una «doble vida» incluso en la muerte, explorando la escisión del cuerpo y el alma. Más allá de la existencia del Purgatorio como dimensión propia a la religión cristiana y a la mística de Dante, en *Pedro Páramo* las almas de los muertos irrumpen en el mundo de los vivos, por lo que el patrón arquetípico ya no es la Biblia, sino aquella creencia popular que dice que las almas de los muertos que murieron en pecado regresan en su mayor parte y habitan nuevamente el mundo de los vivos. Sin embargo, en Comala, no quedan vivos que recen por las almas en pena, condenándolas a vagar eternamente.

En este ambiente purgatorial, Juan Preciado encuentra su muerte que, en su caso, son los murmullos los que la causan. La muerte de Juan es, a su vez, dos muertes: una física y otra simbólica. De su primera muerte da cuenta su cuerpo enterrado junto al de los demás habitantes del pueblo; la otra muerte es íntima y más trágica porque es la muerte de la ilusión. El viaje de Juan Preciado a Comala se constituye, como señala Ruffinelli, en una verdadera telemaquia: «la búsqueda del Ulises padre por el Telémaco hijo, para vengar antiguos agravios o para dar solución a su orfandad conflictiva».[56] Por medio de los murmullos, el protagonista conoce quién es su padre, conoce su historia y la de los pobladores de Comala; pero, por otra parte, los murmullos que le refieren las historias lo

---

[56] Ruffinelli, "Juan Rulfo", 64.

sofocan y lo matan. Los murmullos matan a Juan en el purgatorio (lo que significa que ya estaba muerto) y a los murmullos de su madre que fueron los generadores de sus ilusiones, que prometían la existencia de un mundo idílico, ese paraíso terrenal que su madre Dolores conoció en sus años de juventud y que Juan jamás alcanzó a conocer:

> Allá hallarás mi querencia, el lugar que yo quise. Donde los sueños me enflaquecieron. Mi pueblo, levantado sobre la llanura. Lleno de árboles y de hojas, como una alcancía donde hemos guardado nuestros recuerdos. Sentirás que allí uno quisiera vivir para toda la eternidad. El amanecer; la mañana; el mediodía y la noche, siempre los mismos; pero con la diferencia del aire. Allí donde cambia el color de las cosas; donde se ventila la vida como si fuese un murmullo; como si fuera un puro murmullo de la vida...[57]

Sin embargo, la realidad de Comala es muy distinta: un pueblo desolado, habitado por almas en pena. La desilusión, causada por el entorno y los murmullos, lo asfixia y lo lleva a la muerte:

> —Ruega a Dios por nosotros. Eso oí que me decían. Entonces se me heló el alma. Por eso es que ustedes me encontraron muerto.
> —Mejor no hubieras salido de tu tierra. ¿Qué viniste a hacer aquí?
> —Ya te lo dije en un principio. Vine a buscar a Pedro

---

[57] Rulfo, *Pedro Páramo*, 50.

Páramo, que según parece fue mi padre. Me trajo la ilusión.
—¿La ilusión? Eso cuesta caro.[58]

El viaje de Juan Preciado a Comala no es solo un descenso al Purgatorio, sino un viaje a la desilusión, un encuentro con la verdad detrás de los rumores y una confrontación con el destino trágico de una tierra condenada.

---

[58] Rulfo, *Pedro Páramo*, 51.

La atmósfera y los personajes originales

En la obra de Rulfo, nos encontramos con diferentes elementos mitológicos y religiosos que constituyen tanto la estructura literaria como el sentido moral de la obra. Las estructuras arquetípicas y sus imágenes, que hemos estado analizando, forman parte de un patrón estático asociado al significado de la obra, en el sentido de que los patrones míticos y religiosos contienen intrínsecamente un significado que nuestra cultura occidental conoce y reconoce en la literatura. En esta estructura arquetípica, el orden del mundo material, Infierno, Purgatorio y Cielo constituyen las dimensiones por las que el alma viaja en el universo cristiano, y en la literatura de Rulfo, esta estructura cíclica marca el desarrollo de la acción narrativa. Aunque la narración está fragmentada en episodios discontinuos (pero no inconexos), la ruptura temporal —o en su defecto su aparente ausencia— está reemplazada por esta estructura que amalgama la obra y le da no solo una idea temporal, sino también un espacio a los personajes.

El tratamiento del tiempo en *Pedro Páramo* no solo tiene una función estilística, sino que también está vinculado con la técnica narrativa de la obra, en la cual no existe un único narrador de la trama narrativa, sino que la historia se compone de múltiples voces, principalmente los murmullos de los muertos. La aparente dislocación temporal, lograda mediante la alternancia discursiva de estos murmullos, tiene además como finalidad funcional, romper con las cronologías, que implican una idea de continuidad lineal impresa en nuestra mente. De este modo, Rulfo sugiere una eliminación de la noción de tiempo, pues «los muertos no tienen tiempo ni espacio», como el mismo escritor declara. No obstante, esta eliminación es un recurso narrativo más que una realidad ficcional absoluta, ya que resultaría inverosímil para el lector aceptar un relato completamente atemporal.

El tiempo y el espacio, como elementos contextuales de un relato, no pueden ni deben analizarse aisladamente ni separarse de los atributos de los personajes. Por ejemplo, en el relato bíblico *El hombre en el huerto del Edén*, el tiempo y el espacio están estrechamente vinculados con la creación. En él se cuenta que los primeros habitantes de la Tierra, junto con los animales, son Adán y Eva. Sus cualidades se presentan de inmediato al ver la inocencia de dos seres que comienzan a experimentar la vida, una inocencia comparable solo a la de un niño en el mismo estadio. Así, en el relato, el tiempo y el espacio son primordiales, son el tiempo y el espacio del *Génesis*, y sus seres se mimetizan ingenuos, naturales y salvajes en su entorno. Su ignorancia de la vida y, principalmente, de la autoridad de Dios los lleva a la desobediencia y al pecado: comen del fruto del árbol prohibido y conocen el bien y el mal. Asimismo, en Comala como Purgatorio, encontramos a Donis y su hermana, una pareja incestuosa que habita, desnuda y aislada, una casa abandonada. Según Rulfo, el hallazgo de estos hermanos es una alucinación de Juan Preciado en su agonía, que a su vez remite a la condición primigenia de la pareja edénica tras la expulsión del paraíso, donde prevalecía el desamparo, la soledad, la desnudez y la culpa.

En *Pedro Páramo*, el tiempo y el espacio se niegan de manera figurativa en su forma cronológica, pero coexisten en su forma universal; es decir, el tiempo y el espacio existen en su forma primordial *ab origine* o tiempo y espacio cosmogónicos. Así, el tiempo y el espacio se consagran y adquieren significado, y se convierten en el centro del universo y de la creación.[59]

---

[59] Una obra conjunta de dos argentinas, Violeta Peralta y Liliana Befumo Boschi, "Rulfo: la soledad creadora", se dedicó a estudiar la novela de Rulfo como obra simbólica, basada en la obra de pensadores como Jung y Eliade. Es, según Gerald Martin, "una visión optimista, pues se trata de la búsqueda iniciática del centro cósmico, de un nuevo estado donde puede nacer un nuevo hombre, quien conseguirá simultáneamente la propia individuación e identificación y la apertura hacia lo otro y lo absoluto".

De esta manera, se entiende la existencia cíclica y sucesiva de Comala en planos espaciales: Edén, Infierno y Purgatorio. De esto se deduce que el espacio en *Pedro Páramo* deja de ser profano para convertirse en trascendental y convertirse así en el centro del universo y de la creación. Finalmente, el tiempo tiene un tratamiento similar y deja de ser cronológico y lineal para transformarse en un tiempo mítico que se refiere al momento inicial en el que se realizó el acto divino de la creación.

Rulfo estructura la novela en distintos niveles de realidad. En primer lugar, encontramos un Universo Divino que remite a un momento de la creación o cosmogonía. Este universo se caracteriza más por su modo sugerido que por su forma concreta. En él, las fuerzas de la naturaleza sugieren una presencia constante desde el principio, desde el calor sofocante que menciona Abundio hasta la alusión de Pedro Páramo al paraíso momentos antes de su muerte, entonces la naturaleza misma parece testigo de una dimensión superior. En contraste, Comala representa el Universo Humano, defectuoso e imperfecto. Es el personaje central de la novela, según el propio Rulfo, y simboliza tanto el mundo material como las esferas infernales y purgatoriales. En su esplendor juvenil, Comala es un paraíso bucólico; en su decadencia, un Infierno dominado por el pecado y la violencia; y en su abandono, un Purgatorio donde las ánimas errantes buscan redención.

Dentro del *Universo Divino*, Comala se presenta como la representación o forma del *Universo Humano* que, a diferencia del primero, se nos muestra defectuoso, imperfecto, pobre y desvalido. Comala y su gente (estén ellos vivos o muertos) son la forma simbólica del universo humano y, a su vez, la masa o sociedad que experimenta las tres divisiones del universo celestial, pero en este caso en sus formas paganas y terrenales. El pueblo se presenta como un paraíso perdido de la juventud, caracterizado por la inocencia primordial de sus habitantes y su entorno bucólico. El pueblo como Infierno, caracterizado por el interés material, por la vida pecaminosa de su gente, por sus convulsas y violentas revueltas, y por la matanza y el sufrimiento. Por último, el pueblo como Purgatorio habitado por las ánimas de aquellos que murieron en pecado y vagan en pena esperando redimirse en un entorno yermo y desolado, en un pueblo muerto ya extinto.

El mundo material, aquel que denominamos «real», es el mundo de los vivos. En *Pedro Páramo*, este universo adopta un carácter retrospectivo, donde los personajes y sus acciones emergen del pasado y se fusionan con el universo infernal, como si ambos estuvieran inexorablemente entrelazados. El universo demoníaco cobra forma desde el principio a través de la descripción topográfica de la Media Luna que recuerda una representación ptolemaica de la realidad, simbolizando así la correspondencia entre el mundo tangible y el Infierno. Abundio describe la Media Luna como si narrara el descenso a los abismos, reforzando la idea de que Comala es un pueblo condenado. A través del vaivén cíclico de los episodios, las imágenes apocalípticas y demoníacas, en su contraste, desvelan la naturaleza de la caída del pueblo como sociedad. Esta caída, que en un principio parece representar el tránsito natural de los seres humanos del mundo material al infernal, pronto se revela como un declive moral y religioso: una caída de la humanidad provocada por sus propias acciones. En última instancia, la caída del pueblo simboliza la pérdida de toda su humanidad, con todo lo que ello conlleva.

Dentro del universo de la creación divina, Comala representa a la humanidad y, por tanto, al ámbito humano como creación. El personaje que se ubica exclusivamente dentro del Paraíso Divino (el *Cielo*, como comúnmente se lo denomina) es Dolores Preciado, la madre de Juan, ya que parece ser la única que alcanzó la gloria de Dios y describe a Comala como paraíso terrenal. En este sentido, Susana San Juan, ausente mentalmente del infierno, habita en el paraíso porque reside principalmente en los recuerdos de juventud de Pedro Páramo en ese *edén terrenal* que fue Comala. Por otra parte, Pedro Páramo es el personaje central que pertenece exclusivamente al pueblo como representación del *Infierno*. Este personaje es la encarnación del mal, es un Hades terrenal que reina sobre los muertos en vida en su medio infernal, que tanto él como los pobladores han hecho de Comala. Es un amo despiadado que, como Hades, es asistido por una casta menor de demonios que están a sus órdenes. En un plano similar, Miguel Páramo es el protagonista del *mundo de los muertos*, es quien lo conoce y lo experimenta, y quien comparte su experiencia con doña Eduviges. Por último, Juan Preciado es el personaje central que habita el pueblo como *Purgatorio*. Deambula por él en su orfandad buscando a su padre, desvaneciéndose su idealización de Comala como *paraíso*, para experimentar la realidad de un pueblo muerto, compartir su sepultura con Dorotea y conocer el trágico destino de su pueblo. Juan Preciado se constituye como el personaje central de Comala-purgatorio porque lo importante de la acción narrativa dentro de este ámbito le sucede a él. En el caso de Miguel Páramo, la tragedia le ocurre a él en su ámbito de Comala como *mundo infernal*, y luego en el *mundo de los muertos*. Ambos hijos de Pedro Páramo son víctimas de los avatares de la vida de su padre. Pedro Páramo, como personaje central de su ámbito, es protagonista porque es quien genera la acción en casi todo el drama narrativo, excepto al final, cuando le sucede su muerte. El pueblo, como personaje central, atraviesa un proceso de vida, decadencia y muerte. La prosperidad inicial de Comala se quiebra tras el asesinato de don Lucas para convertirse en un infierno. Pedro Páramo, frustrado por no poder tener el amor de Susana y preso de una sed ciega de venganza por el crimen de su padre, desata toda su ira de manera indiscriminada sobre la humanidad de Comala. A partir de este momento, Pedro Páramo se constituye en el jefe despiadado del pueblo, cuya humanidad comienza a sucumbir día a día hasta su muerte.

Pedro Páramo es una novela hecha de muerte. Los apocados murmullos de los muertos que narran los sucesos del pueblo no hacen más que narrar las muertes: la muerte de Dolores Preciado lejos del pueblo, que impulsa la búsqueda de Juan Preciado; la muerte de Lucas Páramo, que inicia el reinado de su hijo Pedro, que desata su violenta venganza y su desmedida ambición; del suicidio de Eduviges y la súplica de su hermana María al padre Rentería por la salvación de su alma; el crimen de Toribio Alderete por encargo de Pedro Páramo para quedarse con sus tierras; la muerte de Miguel Páramo al caerse de su caballo el Colorado; la muerte de Sixtina, la hermana mayor de Damiana, cuando tenía nueve años; la muerte de Juan Preciado sofocado por el rumor de los muertos; la muerte de Dorotea que un día se sentó a esperarla; la muerte de la madre de Susana, que murió en soledad y que nadie fue a su entierro; la muerte de Bartolomé San Juan, por encargo de Pedro para casarse con su hija Susana; y la muerte de Pedro Páramo a manos de su hijo no reconocido. Luego, los últimos pobladores de Comala se fueron yendo y el pueblo, como asegura uno de los personajes de la novela, «se fue quedando solo». Finalmente, el pueblo y toda su humanidad, quienes perecieron y quienes sobrevivieron a la extinción pero que vivieron en el pecado, mueren y vuelven al pueblo como Purgatorio.

Puesto que Comala, como personaje central, es superior en clase al hombre que lo habita, su muerte está apropiadamente acompañada por lo que se denomina la «simpatía solemne» de la naturaleza. Según Frye, el uso de esta figura en una obra literaria indica que el autor está tratando de dotar a su personaje de algunos de los atributos míticos, de modo que la caída de un ser superior se ve acompañada por las fuerzas de la naturaleza. Ante las muertes incesantes y violentas, asistimos al *descensus ad inferos* del pueblo y de su humanidad. El pueblo entero se transforma en un mundo de pesadilla, dolor y confusión, entonces el cielo se manifiesta tenebroso y el destino se vuelve inescrutable. A medida que vemos esa larga enumeración de actos propios del mundo demoníaco y sus consecuencias, las manifestaciones del mal se apoderan de la naturaleza. Por eso, el pueblo aparece enmarcado en una noche eterna: la noche de la boda de Doloritas; la noche en la que muere Miguel; la noche en la que Miguel abusa de la sobrina del Padre

Rentería; la noche en la que Toribio Alderete es asesinado; la noche en la que el Padre Rentería sale a caminar atormentado por su culpa. Es una sola noche, una noche eterna e infernal de fuego que se cierne amenazante sobre el pueblo: esa noche «Había estrellas fugaces. Las luces en Comala se apagaron. Entonces el cielo se adueñó de la noche».[60] Asimismo, las fuerzas de la naturaleza se manifiestan conmovidas cuando, en este estadio, la lluvia acompaña a Comala y sus habitantes en su trágica realidad. Las luces y los momentos del día se atenúan y se confunden borrascosos, como si el cielo, impotente ante tanto mal, se compadeciera del pueblo ante el destino infernal que será inexorable.

De esta manera, la irremediable caída del pueblo se ve envuelta en una mezcla de mística religiosa y superstición que el autor ha sabido combinar y que constituye la composición sobrenatural del universo de Rulfo. Otros elementos relacionados con la mitología sirven de marco, acompañan y ambientan la acción, como ser, la presencia de aves de mal augurio que recuerdan a los relatos homéricos. Al comienzo de la obra, cuando Juan Preciado llega a Comala en compañía de Abundio, se manifiesta una banda de cuervos ante la mención del nombre de Pedro Páramo. La aparición de los tordos al atardecer —hora en la que el ocaso se aproxima— presagian la muerte de Juan

---

[60] Rulfo, *Pedro Páramo*, 28.

Preciado: «Por el techo abierto al cielo vi pasar parvadas de tordos, esos pájaros que vuelan al atardecer antes que la oscuridad les cierre los caminos».[61]

Otros acontecimientos están ambientados por las primeras luces del día, pero en esos casos los días se caracterizan por su inclemencia. La mañana en la que Pedro Páramo, siendo niño, es despertado por su madre para anunciarle la muerte de su padre, la voz de su madre se entremezcla con el sonido de la lluvia: «Por la puerta se veía el amanecer en el cielo. No había estrellas. Sólo un cielo plomizo, gris, aún no aclarado por la luminosidad del sol. Una luz parda, como si apenas estuviera llegando el principio de la noche».[62] Este cielo apenas diurno está más asociado a la aproximación de la noche, de modo que este acontecimiento desafortunado en la vida de Pedro presagia un futuro nefasto. Todos estos elementos de las fuerzas de la naturaleza parecen congraciarse con el niño, Dios parece utilizarlas para manifestar su voluntad y ellas mismas parecen cumplir la prerrogativa de señalar a los seres humanos que su destino será funesto e inevitable. De esta manera, las fuerzas de la naturaleza —incluidas sus criaturas— tienen una incidencia directa en la interpretación de los acontecimientos del relato y, además, logran una

---

[61] Rulfo, *Pedro Páramo*, 46.
[62] Rulfo, *Pedro Páramo*, 23.

ambientación sobrenatural que impregna de misticismo toda la novela.

En *Pedro Páramo*, el desplazamiento de sus patrones míticos y su simbolismo poético van de lo demoníaco a lo apocalíptico, y en su recorrido están presentes las fuerzas de la naturaleza en su forma elemental en nuestro universo. A nivel arquetípico, el ser humano y todas sus creaciones, incluida la literatura, están contenidos dentro de la naturaleza. A nivel anagógico —es decir, de la interpretación mística de las Sagradas Escrituras— la naturaleza está contenida en el hombre, y sus creaciones son formas de un universo humano. Frye explica cómo opera el simbolismo poético en la literatura de la siguiente manera:

> Por lo tanto, en el simbolismo apocalíptico no podemos limitar al hombre únicamente a sus dos elementos naturales —la tierra y el aire—, y al pasar de un nivel a otro, el simbolismo debe, como Tamino en *La flauta mágica*, atravesar las pruebas del agua y del fuego. El simbolismo poético suele situar el fuego justo por encima de la vida del hombre en este mundo, y el agua justo por debajo de ella. Dante tuvo que atravesar un anillo de fuego y el río del Edén para pasar de la montaña del purgatorio, que aún se encuentra en la superficie de nuestro propio mundo, al Paraíso o al verdadero mundo apocalíptico.[63]

---

[63] Frye, *Anatomía de la Crítica*, 193.

Las imágenes de luz y fuego que asocian el fuego con lo espiritual o angélico son muy frecuentes en la Biblia, por ejemplo, la luz que circunda a los ángeles. En la mitología clásica, la asociación de Zeus con el rayo y el cielo que contiene los cuerpos ígneos (sol, luna y estrellas) se identifica generalmente con el Cielo o el mundo apocalíptico.

Volviendo a la clasificación de los personajes, Dolores Preciado y su hijo Juan se asemejan al personaje arquetípico del pathos, que guarda estrecha relación con la piedad y el temor en calidad de sensaciones. Según la definición de Frye: «El pathos presenta a su héroe como alguien aislado por una debilidad que apela a nuestra simpatía porque se encuentra en nuestro mismo nivel de existencia. Hablo de un héroe, pero la figura central del pathos suele ser a menudo una mujer o un niño (o ambos, como en las escenas de muerte de la Pequeña Eva y del Pequeño Nell)».[64] En una primera etapa de la novela, Dolores Preciado le pide a su hijo Juan que encuentre a su padre y que le haga pagar por haberlos desamparado y olvidado. «La idea del pathos es la exclusión de un individuo que se encuentra en nuestro mismo nivel, del grupo social al que trata de integrarse»[65], en este caso, el destierro tanto de la madre como el del hijo del pueblo y la sociedad.

---

[64] Frye, *Anatomía de la Crítica*, 61.
[65] Ídem.

Pedro Páramo, como figura central del «pueblo como Infierno» en la novela de Rulfo, representa un personaje complejo y contradictorio semejante a Heathcliff, con quien se lo compara frecuentemente. Se presenta inicialmente como un ser taciturno, casi enigmático, lo que permite que el lector experimente cierta empatía o incluso identificación con él. Sin embargo, esta fachada oculta una personalidad profundamente ambiciosa y egoísta, obsesionada con el poder y el control absoluto sobre Comala y sus habitantes. La verdadera naturaleza de Pedro Páramo se revela en sus acciones despiadadas y su falta de escrúpulos, características de un tirano que busca imponer su voluntad sin importar las consecuencias. Desde este enfoque, su caída resulta inevitable, ya que su desmedida ambición y su desdén por la humanidad lo condenan a una existencia solitaria y vacía.

El paralelismo entre Pedro Páramo y Heathcliff es una comparación interesante que revela cómo ambos personajes encarnan la figura del héroe oscuro y obsesivo. Aunque surgen de contextos culturales y literarios distintos —Pedro Páramo en el México posrevolucionario y Heathcliff en la Inglaterra victoriana—, comparten rasgos fundamentales en su relación con el amor, la sociedad y el poder. Ambos personajes son impulsados por una obsesión amorosa que define sus destinos. Para Pedro Páramo, el amor por Susana San Juan se convierte en una fuerza devastadora que lo consume y lo impulsa a destruir Comala, transformándolo en un pueblo fantasma. Este amor no es romántico ni idealizado; es una obsesión egoísta y posesiva, en la que Susana se convierte en un objeto de deseo inalcanzable. Del mismo modo, Heathcliff vive obsesionado con Catherine Earnshaw, y su incapacidad para poseerla plenamente lo lleva a buscar venganza contra quienes lo separaron de ella, afectando a las generaciones siguientes. El personaje de Rulfo tiene seguidores, sirvientes que lo complacen y lo asisten en sus empresas. Su aislamiento de la sociedad se debe a su clase de terrateniente y a su ambición desmedida. El personaje de Brönte, por el contrario, no tiene más relación con la sociedad que ser discriminado por ella. No obstante, ambos personajes se asemejan en su reacción frente a la sociedad con un objetivo en común: concretar su venganza. Por último, otro factor que ambos personajes tienen en común es su obsesión: la obsesión por el amor de una mujer (el objeto de sus deseos) que, al ser inalcanzable, los enloquece. En su estudio, Blanco Aguinaga describe los rasgos principales que se han descrito aquí:

> Bajo el cacique violento, alternado con él vive el niño que, en silencio, lleva un sueño hasta su muerte...Susana San Juan, lo inconquistable, el sueño, lo que hace de Pedro Páramo un personaje-eco de algo y no creación de sí mismo...Por Susana San Juan tiene Pedro Páramo la doble vertiente del personaje total que no tienen los otros en la

novela. Y es esta doble vertiente la tensión que en él crean los dos planos opuestos de vida (violencia exterior, lentitud interior del sueño), lo que hace de Pedro Páramo un personaje de dimensión trágica. Toda su violencia y fría crueldad exteriores resultan ser un esfuerzo inútil por conquistar el intocable castillo de su sueño y su dolor interiores. [66]

El análisis de Blanco Aguinaga resalta cómo la obsesión de Pedro Páramo no solo afecta su destino, sino que también transforma el entorno que controla. Su dolor y egoísmo llevan a la condena colectiva de Comala, un espacio que, como hemos visto, se configura como un Infierno donde la humanidad padece las consecuencias de los avatares íntimos de su cacique. Este infierno personal y colectivo es la consecuencia de su poder absoluto y su incapacidad para amar de manera desinteresada.

En resumen, tanto Pedro Páramo como Heathcliff son figuras trágicas cuyos amores obsesivos los llevan a la autodestrucción y al colapso de sus mundos. Son antihéroes que desafían las normas morales y sociales, convirtiéndose en símbolos de la desolación y el vacío existencial. La comparación de estos dos personajes arquetípicos no solo enriquece la interpretación de Pedro Páramo, sino que también amplía nuestra comprensión de la figura del héroe oscuro en la

---

[66] Carlos Blanco Aguinaga, "Sobre la lluvia y la historia en las ficciones de García Márquez," en *De mitólogos y novelistas* (Madrid: Turner, 1975).

literatura universal.

Juan Preciado, por su parte, encarna el arquetipo del héroe irónico en *Pedro Páramo*, un personaje que se conduce inevitablemente hacia su propia tragedia. A diferencia de Pedro Páramo, quien impone su voluntad y se enfrenta al mundo con una obsesión destructiva, Juan es un hombre que se menoscaba a sí mismo, un ser frágil y vulnerable cuyas ilusiones lo conducen a su perdición. Esta vulnerabilidad no es únicamente física, sino también existencial, ya que su búsqueda está marcada por una necesidad profunda de resolver su orfandad y encontrar sus raíces. En este sentido, su regreso a Comala no es solo para cumplir la promesa que le hizo a su madre, sino para descubrir su identidad y reclamar un lugar en el mundo que le ha sido negado.

El viaje de Juan Preciado a Comala es, en esencia, una búsqueda del origen, una travesía para reencontrarse con el pueblo que su madre le describió como un edén terrenal. Esta visión idealizada contrasta brutalmente con la realidad que encuentra: un pueblo desolado y muerto, habitado por ánimas que deambulan y murmuran incesantemente, atrapadas en su propio tormento. La llegada de Juan a Comala marca el inicio de su descenso al Purgatorio, un espacio donde las almas penan por sus pecados y recuerdos no resueltos. En este sentido, su viaje no solo es «físico», sino también espiritual, un tránsito hacia el desengaño y la desesperanza.

Juan Preciado se convierte en un habitante más de ese Purgatorio cuando, al descubrir la verdadera naturaleza de Comala, muere junto con su ilusión. Esta segunda muerte, simbólica y devastadora, es la culminación de su tragedia personal. La realidad de Comala, un lugar de muerte producto de la devastación humana y del pecado, lo confronta con la falsedad de sus ilusiones y esperanzas. El paraíso perdido que había idealizado se convierte en un infierno de murmullos y sombras, un espacio donde las ánimas repiten sus lamentos y culpas sin descanso.

La ironía de Juan Preciado radica en su incapacidad para escapar de ese destino. Vuelve al pueblo desolado con la esperanza de encontrar a su padre y restaurar su identidad, pero en lugar de hallar respuestas o redención, encuentra un vacío existencial y una condena eterna. Al morir en Comala, su alma queda atrapada junto a las demás ánimas, guiado por Abundio, otro espectro condenado, en un ciclo interminable de búsqueda y pérdida. En este sentido, Juan no solo muere físicamente, sino también espiritualmente, al confrontar la desolación y la muerte de sus sueños.

A diferencia de Pedro Páramo, cuya caída es producto de su ambición y crueldad, la tragedia de Juan Preciado radica en su fragilidad y en su incapacidad para enfrentar la realidad. Su figura de héroe irónico se consuma en el fracaso de su búsqueda y en la revelación de la verdad sobre su origen. La orfandad que trató de resolver persiste en la muerte, y su identidad se disuelve en el murmullo colectivo de las almas en pena de Comala. De esta manera, Juan Preciado representa la tragedia del ser humano que, al buscar su esencia, se enfrenta a la vacuidad de su existencia y queda atrapado en un limbo sin redención.

Conclusión

Los tópicos fundamentales de Pedro Páramo han sido ampliamente discutidos por la crítica literaria. Si bien muchos críticos coinciden en la importancia de ciertos temas, como la muerte y la paternidad, la novela de Rulfo plantea una diversidad de interpretaciones. El tema más evidente es el de la muerte. En una novela donde las acciones transcurren en un pueblo muerto, habitado por personajes fantasmales que reconstruyen sus historias, es lógico que la muerte se imponga como eje central. Sin embargo, no se trata de cualquier tipo de muerte, sino de la muerte violenta, un elemento recurrente en la novela y ampliamente analizado por la crítica. Uno de los planteamientos más interesantes es el de Felipe Garrido, quien sugiere que la muerte violenta en Pedro Páramo es «consustancial» a los personajes, es decir, que forman parte intrínseca de la naturaleza de los protagonistas. Por supuesto, se espera que el tema de la muerte violenta sea reconocido como producto del contexto histórico en el que acontece la narración y, por tanto, que se conciba como una consecuencia lógica del proceso revolucionario mexicano de las primeras décadas del siglo XX. En este contexto, la muerte violenta o el crimen son el instrumento con el que se forja la Revolución Mexicana y la Rebelión Cristera.

No obstante, Juan Rulfo admitió en una ocasión que lo que dejó este trágico proceso revolucionario en la gente que sobrevivió fue un cierto gusto por la revuelta y, sobre todo, una pasmosa historia de sangre. En una entrevista, el escritor afirmó que los personajes reales en quienes se inspiró para crear los ficticios se caracterizaban por tener una apariencia pacífica e inofensiva, hombres con cierto pudor o timidez en el trato, pero con una larga historia de muertes que helaba la sangre. En *Pedro Páramo*, el crimen está planteado como una manifestación legítima de la forma de vida de sus personajes en un entorno violento y hostil, en el que la ley del Estado, que llega sin brío a esos confines casi despoblados, es revocada por los hombres y reemplazada por la barbarie.

Otro aspecto de la muerte violenta se sugiere a través de la muerte trágica como destino inevitable del hombre bárbaro, tal y como lo retrata José Hernández en *El gaucho Martín Fierro*. El destino trágico del hombre bárbaro, ya sea bajo la forma de muerte trágica en su medio hostil o como instrumento de justicia por mano propia, es tan recurrente en la literatura como legítimo en ese medio salvaje. En un episodio de la obra, el protagonista, Martín Fierro, una noche de embriaguez, ofende a una mujer en una milonga. Su pareja, un hombre moreno, sale a saldar la ofensa —hasta ese momento gratuita— de su mujer y, en una pelea a facón con Martín Fierro, el hombre muere. La muerte trágica de un hombre en una gresca de borrachera en una milonga era, en esas tierras, una posibilidad tan frecuente que podía plasmarse en una obra como *El gaucho Martín Fierro* sin causar asombro en el lector, ya que se mimetiza con el medio hostil que la enmarca. Este crimen de Fierro está tan consustanciado con su entorno, es tan inherente a la forma de vida del gaucho —que repara la deshonra de su mujer a poncho y facón— que, al final de la obra, el lector no siente rechazo alguno por el protagonista. En otras palabras, ese asesinato injusto e innecesario no menoscaba la imagen moral del personaje, precisamente porque el lector lo atribuye a la naturaleza de la vida en ese medio bárbaro.

Por otra parte, en *Pedro Páramo*, la muerte trágica debe entenderse como un designio del destino o un castigo de Dios. La muerte de Miguel Páramo ejemplifica esta idea por dos motivos fundamentales: en primer lugar, porque su protagonista muere violentamente al caerse de su caballo, lo que hace que su muerte sea además inesperada; y, en segundo lugar, debido a la juventud y la popularidad de este personaje. Miguel es el hijo reconocido de Pedro Páramo, el terrateniente propietario de la Media Luna, que con esta muerte se ha quedado sin su querido hijo. Una muerte trágica de estas características simboliza la pérdida de control y la inexorabilidad del destino de un joven que vivía al límite:

> –Déjalo moverse. Es apenas un niño. ¿Cuántos años cumplió? Tendrá diecisiete. ¿No fulgor? –Puede que sí. Recuerdo que se lo trajeron apenas ayer; pero es tan violento y vive tan a prisa que a veces se me figura que va jugando carreras con el tiempo. Acabará por perder, ya lo verá usted.[67]

Al mismo tiempo, su muerte puede leerse como un castigo por las acciones morales de Pedro Páramo, quien, al enterarse de la tragedia, admite: «–Estoy comenzando a pagar. Más vale empezar temprano, para terminar pronto».[68]

A diferencia de la obra de José Hernández, el tema de la muerte violenta en *Pedro Páramo* está sugerido en un sentido moral, supersticioso o religioso. Este modo de vida sangriento, que afecta a la existencia cotidiana de los personajes, plantea al menos la siguiente pregunta: ¿por qué ocurren con tanta frecuencia estas formas de vida forjadas con muerte?

---

[67] Rulfo, *Pedro Páramo*, 54.
[68] Rulfo, *Pedro Páramo*, 57.

Esta forma de vida violenta y de muerte, que como consecuencia no puede traer más que sufrimiento gratuito, es, sin embargo, el común denominador de la vida del ser humano, no solo del hombre jalisciense, de los personajes de la Comala de Rulfo o de El gaucho Martín Fierro, sino del ser humano a lo largo de toda su historia. La vida de los mortales y, en ella, la muerte como forma consustancial de la vida de los hombres, es uno de los planteos más destacados que subyacen en la novela de Rulfo.

La muerte en *Pedro Páramo* no marca el final de la existencia, sino el inicio de una nueva dimensión donde los muertos no hacen más que narrar sus historias. En el prólogo mencionamos que, en la novela de Juan Rulfo, los muertos relatan sus vidas tanto en el pueblo como en la muerte misma; es decir, presentan dos facetas de la mortalidad: la experiencia de los vivos condenados eternamente a morir y la de los muertos atrapados en una suerte de limbo eterno. La vida de los muertos es un motivo arquetípico en la literatura universal, presente tanto en la tradición oral como en la escrita. A lo largo de la historia, este tema ha evolucionado desde los relatos mitológicos, cuentos populares y leyendas hasta manifestarse en la literatura escrita a través de epopeyas, obras teatrales y novelas. Mircea Eliade señala que, en la mitología sumeria, Inanna era la diosa del amor y de la guerra al mismo tiempo, lo que denota un poder que abarcaba tanto el ámbito de los vivos como el de los muertos.

El mito de Inanna comienza con la historia de amor entre ella y Dumuzi, de quien presagia un destino funesto debido a su relación con ella. Inanna, que reina sobre el *Gran Reino de las Alturas* decide reinar también en el *Reino del Mundo Inferior* donde reinaba su hermana Ereshkigal. Inanna desciende al reino de los muertos y llega al palacio de su hermana del todo despojada de poderes. Ereshkigal le dirige a Inanna la mirada de muerte que la deja inerte. Tres días después, por petición de Ninshubur, amiga de Inanna, Enlil envía dos mensajeros que llegan hasta el cadáver para reanimarlo con agua y alimento de vida. Cuando Inanna resucitada emprende el regreso, se encuentra con los Anunaki, que le dicen que nadie sale ileso del reino de los muertos y le exigen que, si quiere salir de allí, lleve a alguien en su lugar. Inanna vuelve a su tierra escoltada por los *galla*, que la harían retornar a los infiernos si no les entregaba el alma de otra divinidad. Para sorpresa de la diosa, se encontró a su esposo Dumuzi sentado en su trono y reinando sobre sus dominios. Indignada y desesperada, Inanna les ordena a los demonios que lo lleven a él a los infiernos.

Este relato, al igual que otros muchos mitos sobre el mundo de los muertos en las mitologías sumeria y acádica, egipcia o grecorromana, retrata un mundo antagónico similar al de los vivos, con sus divinidades y sus propias e inviolables leyes. Nadie del mundo de los vivos puede interceder en los asuntos del Mundo Inferior. Tal es así que, cuando Ninshubur va en busca de ayuda para sacar a Inanna de los infiernos, recurre a Enlil y a Nanna-Sin, pero estos le niegan su ayuda, ya que «al penetrar en un dominio —la Tierra de los Muertos— gobernado por decretos inviolables, Inanna ha pretendido ocuparse de cosas prohibidas».[69]

Tanto en las diferentes mitologías como en las literaturas, la topología del mundo de los muertos es un concepto complejo que varía según la cultura y la tradición de la que se trate. En algunas mitologías, el lugar donde moran las almas se asemeja a un limbo sin características físicas, donde las ánimas vagan en las tinieblas, impedidas de la luz del sol y de los placeres de la vida. La concepción del *mundo de los muertos* en la novela de Rulfo es la de un reino aparte con sus propias leyes, donde moran los espíritus. En una primera apreciación, podríamos decir que el mundo de los muertos es aquella donde moran las ánimas en Comala como Purgatorio. Sin embargo, si consideramos la novela como realista, el pueblo donde Pedro Páramo es el personaje central es el ámbito de la muerte, del destino trágico y del sufrimiento, es decir, el mundo de los mortales que *se parece* a un infierno terrenal. Si, por el contrario, tomamos la obra desde una perspectiva mítica, el mundo de los mortales se

---

[69] Mircea Eliade, *El mito del eterno retorno* (Buenos Aires: Emecé, 2001), 99.

vuelve el mundo de los muertos, un reino regido por su único cacique, que, como Hades, reina no tanto en la vida como en la muerte. También podríamos considerar una interpretación integral en la que el reino de los mortales y el de los muertos se presentan como una misma realidad escindida en dos dimensiones, y dentro del mundo de los muertos, la clásica división de Dante en Purgatorio y Cielo. Y este enfoque humaniza el Infierno. En Rulfo, cualquiera que sea la lectura que hagamos, el Infierno ya no forma parte del mundo de los muertos, sino del de los vivos. Esta ambigüedad en la representación del más allá evidencia las distintas líneas interpretativas que ofrece la novela y es un testimonio del talento narrativo de Rulfo.

El tema de la búsqueda es también un tema central en *Pedro Páramo*. Julio Ortega lo ha definido como «la búsqueda del padre», el mito del regreso en busca del origen. Juan Preciado regresa a Comala en busca de su padre, es decir, que viene a buscar sus orígenes y a encontrarse a sí mismo. Carlos Fuentes lo describe en *La nueva novela hispanoamericana* como «ese joven Telémaco que inicia la contra-odisea en busca de su padre perdido». Octavio Paz explica que Juan Preciado es el hombre en busca del paraíso perdido. Emir Rodríguez Monegal escribió Relectura de *Pedro Páramo*, en la que, tras analizar el contexto y la estructura de la novela, abordó el problema de su tema central:

Desde el ángulo que abre esta crítica, la novela entera es susceptible de una interpretación mítica. Porque no sólo Juan Preciado busca a su padre, y a sí mismo. Todos los personajes andan tras sus orígenes, o el sentido de sus vidas. Pedro Páramo también queda huérfano de niño y su terrible carrera de crímenes es una búsqueda de sí mismo, enmascarada en su apetito de poder y venganza. Dorotea también busca a su hijo perdido (que nunca tuvo y por eso mismo está más perdido), en tanto que Susana San Juan (otra mujer sin hijos) busca a su marido o amante Florencio. Pero la búsqueda se multiplica y prolifera a través de sus personajes secundarios como Miguel Páramo, cuya búsqueda de sí mismo concluye en un suicidio simbólico al caer de un caballo que es, también simbólicamente, imagen de su propio desenfreno carnal [...] El padre Rentería se busca y encuentra finalmente en la rebelión de los cristeros, pero ya fuera de la novela. Y también lo hacen personajes que son apenas viñetas, como la vieja Dyada; o esa pareja de amantes "edénicos y adánicos", hermano y hermana unidos en vínculo incestuoso que encuentra Juan Preciado al comienzo de la novela; o la madre misma de Juan, esa Dolores Preciado, o Doloritas, o Lola, que después de muerta continúa su búsqueda por la interpósita persona de su hijo. ¿A qué seguir? Cada personaje es él mismo, muy concretamente, y a la vez una forma o variante de la estirpe, condenada para siempre a esa incesante búsqueda. Habitantes de una sociedad desencajada, y en rápido progreso de desintegración, todos estos huérfanos buscan y se buscan, y terminan por encontrarse en un monstruoso sabat de voces en el cementerio de Comala.[70]

---

[70] Emir Rodríguez Monegal, "Relectura de Pedro Páramo," en *Para cuando yo me ausente* (México: Grijalbo, 1982), 250.

Pero, a nuestro entender, el tema de la búsqueda tiene una doble arista: por un lado, Juan busca, en la figura de su padre y en el pueblo, su origen; por otra parte, todo este ritual (si se lo considera en su repetición significativa *ab origine*) conlleva un significado que Julio Ortega ya en 1969 se encargó de analizar:

> El tema de la búsqueda del padre, que exige el espacio del viaje, también exige el espacio de conquistar, y si en la Odisea se trata de la casa, en la Biblia se trata de la tierra prometida a Moisés por el padre. Esta peregrinación en la promesa sagrada es el espacio más amplio del rito: el individuo aquí es colectivo y la casa por conquistar es el país, el territorio sagrado como paraíso...Así, la búsqueda del padre es una metáfora o una hipérbole que conjuga varias posibilidades de realidad. Su esquema convoca el mito, sus pasos suponen el rito: buscando al padre, el héroe persigue y encuentra, o pierde, su puesto en esa realidad. [71]

Rodríguez Monegal explica cuál es, a su entender, el origen o el motivo de esa búsqueda:

> La búsqueda no es arbitraria. Hay un sentido profundo que guía estas almas en pena. Ese sentido está revelado, como en una parábola, por el motivo que constituye la encuesta esencial de Juan Preciado: la búsqueda del padre, o

---

[71] Julio Ortega, "Pedro Páramo," en *La contemplación y la fiesta* (Caracas: Monte Ávila, 1969).

del lugar de origen. Para eso hay que volver a examinar el comienzo y el final de la novela, su alpha y omega. En el comienzo, Juan preciado es guiado por un arriero, Abundio, hasta las puertas mismas del mundo infernal de Comala. Ese arriero se identifica allí como hijo de Pedro Páramo, uno de sus tantos hijos ilegítimos, y desaparece [...] Al final de la novela, cuando el narrador cuenta la muerte de Pedro Páramo, vuelve a aparecer Abundio, esta vez vivo y bajo la forma de un hombre acosado. Borracho, incoherente, arrastrado por una fatalidad que no entiende, Abundio habrá de matar a Pedro Páramo. Es decir: tema de la búsqueda del padre se convierte en el tema del asesinato del padre. La búsqueda culmina en parricidio. [72]

Finalmente, Luís Leal en 1964 en La estructura de *Pedro Páramo*, identifica, al concluir su artículo, que la novela tiene un marco conceptual arquetípico: el hijo en busca de su padre. Difiere de la estructura del hijo pródigo en que Juan Preciado busca a su padre para vengarse de lo que le hizo a su madre, y no para reconciliarse con él. Sin embargo, remata el tema con innegable dramatismo:

> Hijos que se vuelven contra sus padres, hijas que enloquecen a la vera de sus padres, padres que corrompen a sus hijos o les dan muerte, o son asesinados brutalmente por ellos, madres que claman venganza desde sus lechos de muerte:...Por eso, todo lo que publica Rulfo, lo poco que hasta ahora ha publicado, está marcado por ese signo de la búsqueda de lo esencial, de las raíces, búsqueda que lo lleva

---

[72] Rodríguez Monegal, "Relectura de Pedro Páramo," 251.

a través del laberinto del tiempo al lugar central donde el espacio y la eternidad de la muerte son una sola cosa, y donde está el origen pero también el fin de todo. [73]

Este motivo, tan profundamente arraigado en la literatura universal, trasciende el plano anecdótico de la trama para instalarse como una exploración existencial de la identidad, el linaje y el sentido de pertenencia. En *Pedro Páramo*, la búsqueda no solo implica un regreso físico al lugar de origen, sino también una indagación en lo que define a los personajes en un entorno devastado por la ausencia de valores y la fragmentación de las relaciones humanas. La estructura de la novela, con sus múltiples voces y perspectivas, refuerza esta idea al presentar búsquedas simultáneas que convergen en un espacio común de desolación, eco y vacío.

Rulfo logra, mediante esta narrativa polifónica, plantear la búsqueda como un estado de constante insatisfacción, de preguntas sin respuesta que persisten más allá de la muerte. Comala, como espacio físico y simbólico, es tanto el punto de partida como el destino de esta peregrinación en la que los personajes se enfrentan a sus propias carencias. El viaje de Juan Preciado en busca de su padre se transforma en una metáfora universal del anhelo humano de encontrar

---

[73] Luis Leal, "La estructura de Pedro Páramo," en *Para cuando yo me ausente* (México: Grijalbo, 1982), 265.

sentido en medio del caos y el olvido. Esta dimensión universal del tema permite a los lectores identificarse con los personajes y sumergirse en su búsqueda, en su lucha por reconciliarse con un pasado que los define y, a la vez, los condena.

En última instancia, *Pedro Páramo* no solo aborda la búsqueda del padre como un tema literario central, sino que lo resignifica como una reflexión sobre la naturaleza del tiempo, la memoria y el legado. La novela no ofrece respuestas definitivas, sino que permite que el lector contemple las posibilidades infinitas de interpretación y resignificación. Este enfoque reafirma la genialidad de Juan Rulfo al crear una obra que, a pesar de su aparente sencillez, abre un universo complejo de lecturas y reflexiones que trascienden el tiempo y las fronteras culturales. Así, la obra se erige como un monumento literario que nos recuerda que, más allá de los destinos individuales, todos participamos en la búsqueda interminable de aquello que nos define como humanos.

Bibliografía

Alighieri, Dante. *La Divina Comedia*. Barcelona: Océano, 2003.

Anónimo. *El libro egipcio de los muertos*. Buenos Aires: NEED, 1998.

Blanco Aguinaga, Carlos. "Sobre la lluvia y la historia en las ficciones de García Márquez." En *De mitólogos y novelistas*. Madrid: Turner, 1975.

Burns, Archibaldo. "Pedro Páramo o la Unción y la Gallina." En *México en la cultura*, no. 321.

Chumacero, Alí. "El Pedro Páramo de Juan Rulfo." *Revista de la Universidad de México*.

Eliade, Mircea. *El mito del eterno retorno*. Buenos Aires: Emecé, 2001.

Franco, Jean. "El viaje al país de los muertos." En *Para*

cuando yo me ausente, 222–232. México: Grijalbo, 1982.

Frye, Northrop. *Anatomía de la crítica*. Caracas: Monte Ávila, 1977.

Garrido, Felipe. "Pedro Páramo y El llano en llamas." En *Para cuando yo me ausente*, 18–19. México: Grijalbo, 1982.

Grimal, Pierre. *Diccionario de mitología griega y romana*. Buenos Aires: Paidós, 1981.

Homero. *Odisea*. Madrid: Cátedra, 2000.

La Santa Biblia. Antiguo y Nuevo Testamento. Buenos Aires: Sociedades Bíblicas de América Latina, 1960.

Leal, Luis. "La estructura de Pedro Páramo." En *Para cuando yo me ausente*, 265–272. México: Grijalbo, 1982.

Lienhard, Martin. "El sustrato arcaico en Pedro Páramo: Quetzalcóatl y Tláloc." Múnich: Wilhelm Fink, 1983.

Martin, Gerald. "Vista panorámica: La obra de Juan Rulfo en el tiempo y en el espacio." En *Colección Archivos*. Madrid, 1990.

Monsiváis, Carlos. "Sí, tampoco los muertos retoñan, desgraciadamente." En *Para cuando yo me ausente*. México: Grijalbo, 1982.

Ortega, Julio. "Pedro Páramo." En *La contemplación y la fiesta*. Caracas: Monte Ávila, 1969.

Rama, Ángel. "Una primera lectura de No oyes ladrar a los perros." En *Primeros cuentos de diez maestros latinoamericanos*, selección y lectura crítica de Ángel Rama, 45–57. Barcelona: Planeta.

Roa Bastos, Augusto. "Los trasterrados de Comala." *Cuadernos Americanos* 126 (1981).

Rodríguez Monegal, Emir. "Relectura de Pedro Páramo." En *Para cuando yo me ausente*, 250–252. México: Grijalbo, 1982.

Ruffinelli, Jorge. "Juan Rulfo." En *Para cuando yo me ausente*, 38. México: Grijalbo, 1982.

Rulfo, Juan. "Entrevista con Joseph Sommers." *Hispanoamérica* 4/5 (1973): 106–107.

Rulfo, Juan. *Pedro Páramo*. Buenos Aires: Planeta, 2000.

Rulfo, Juan. "Pedro Páramo, treinta años después." *Cuadernos Hispanoamericanos* no.

421–423 (1985).

Rulfo, Juan. Entrevista con Joaquín Soler Serrano. Programa: *A fondo*. RTVE, 1977.

Sommers, Joseph. "A través de la ventana de la sepultura: Juan Rulfo." En *Para cuando yo me ausente*. México: Grijalbo, 1982.

Sommers, Joseph. "Los muertos no tienen tiempo ni espacio (un diálogo con Juan Rulfo)." *¡Siempre! La cultura en México*, núm. 1,051 (15-VIII-1973): VI–VII.

Sommers, Joseph. *La narrativa de Juan Rulfo: interpretaciones críticas*. México, D.F.: Secretaría de Educación Pública (SEP), colección SepSetentas, n.º 164, 1974.

www.ingramcontent.com/pod-product-compliance
Lightning Source LLC
Chambersburg PA
CBHW060403080526
44583CB00012B/457